文學中的性別

曾友俞 著

時報出版

PART 1
文學與電影中的性別意識

PART 2

生活中無所不在的性別

自序

對於性與性別的議題會產生關心，是因於在所處的司法領域裡，由於其所象徵的價值——Justice，進而才將目光投向於此。

Justice 可譯作正義，與公平（fairness，或稱公正）的觀念是有區別的，但公平卻是正義不可或缺的必要條件。公平在內文中會多次提及，其概念十分單純，即：等者等之，不等者不等之。問題永遠都只會在：判斷等與不等的標準何在？判斷者何人？

但如此問題尚且沒有必要在這裡深究，即便從最粗淺的通見以觀，我們也能經常看到有等者不等之，或是不等者卻等之的情況。亦即，不公平。各種的不公平現象，或許出於未被意識，或是視而不見，出於不一而足的原因都無法證成公平性的匱乏，出於近乎被迫使的寫作動能，才把思緒給謄寫成文字。

書裡談到權力、支配、父權社會、愛欲、性以及法律等等，這些領域本身雖有各自的概念得以代表，然而實際卻都交雜於一塊，可以說這就是我們的生活樣態。寫作不同的作品、現象，批判與檢視之，其實都能收束至文初所提到的公平價值。或許是性格上的緣故，對於應處於同一個平面上的事物，無論是高出平面一些些，或是低於平面一點點，都會感到不自在，而這樣的不自在就會產生一種必須寫作的驅力，美其名或許可以稱作靈感，但說穿了只不過是種難以按捺的躁動。畢竟，寫作對我來說已不再是用來折磨自己的教條，不是一種必須要多常更新的近況，而必須要是自身就具有價值的一種心靈活動。

對於女性主義所具有的關懷並非出於對特定性別的偏頗，反倒是女性主義所提出的批判與反抗，正是指出在人類的歷史上有一半的人並不被當作人看（當然還有其他群體也面臨過、面臨著各種不同的壓迫，但這是其他論題了）。而此論旨也正對應著前述的公平價値標準：身而爲「人」，何以作出不正當的區別對待（負面歧視）？

以上，即爲本書主要論旨所在。在序中除了想約略闡述自己思考與寫作的理由以外，特別想要感謝的是我的閱讀社群「讀輸人」，不少本書中的討論都是發生在社群中的互動，其中間雜著不同性別、思想間的對話、辯論、衝撞，而這些都成爲我堅固、反省自己論述的養分。以及也必須感謝編輯蔡欣育，經由她的引介才能投稿到時報出版，進至今日的付梓。並且也必須要感謝時報出版的主編李國祥，對於我投遞的大量文稿予以篩選、安排章節順序，以及驚人的工作效率，讓我十分驚嘆也感念於如此辛勞。

謝謝，願意翻開本書的所有人。

PART 1

文學與電影中的性別意識

讀《性別打結：拆除父權違建》

——無例外受迫於體制的所有個體

在我初始閱讀非法律類科書籍時，首先接觸到的是 Allen G. Johnson，之所以如此是因爲沒有了考試壓力想要接觸更多學科，而我們都知道自己身處在社會之中，對於社會學這個名詞才會特別著迷，而他的著作《見樹又見林》書名近人，讓人不會對「社會學」這個學科大名望而卻步，尤其更是內容上的平實讓初次接觸者能毫無困難地獲得社會學的知識，因爲整本書所告訴我們最核心的社會學觀念是：我們永遠參與在一個比我們更大的體系之中。他告訴了我們有一個比自己、比很多自己的總和還要更大的一個東西，存在於我與我們之外，而透過我、我們與這個體系的互動，我們存在著。而這本書《性別打結》正是當時延伸閱讀時所閱，也是我接觸女性主義的第一本書，早在《厭女》之前，更在近日流行的《82年生的金智英》之前，而其中所傳達的訊息是我們所參與並與之互動的社會是：父權社會（Patriarchy）。

父權社會有三個特點：男性支配（male-dominated）、認同男性（male-identified）和男性中心（male-centered）。男性支配指具有權威性的社會地位一般都是由男人所占據，且提倡男性優於女性；認同男性所指的則是社會中所認爲是「好的」、「正常的」與男性以及陽剛氣質（masculinity）有關；男性中心則是指社會中的焦點總是放在男性群體。這個體制無法說是男性有意識的選擇，但探究社會的樣態未必要溯因也能去看見社會的眞相，並檢視與我們的理想（例如平等與公平的社會）有什麼落差，進而去思考是否以及如何透過實踐予以改變。

父權社會中，「支配」與「控制」是最重要的性質，讓個體遵循著社會規則生活時，逐漸地被這兩個概念所束縛，換言之，社會支配與控制了所有的個體。這個社會運作的方式是把男人與女人界定成不一樣的個體，而把一般人的特性予以性別化（genderize）成男性的特色，就此可讓社會化的過程中，因所有個體在趨向完整，也同時塑造了對於男性的欲求，並讓女性成爲了社會中的次等他者（others），就此，也將界別出兩種性別概念：陽剛特質（masculinity）與陰柔特質（femininity），分別歸屬於男性與女性的群體。

而社會是如何地支配與控制存在於其中的個體的？性別之間，男性確實地被塑造是優於女性的角色，但男性也與女性同樣受到整個社會的壓迫。舉例來說，俗語有著：「男兒有淚不輕彈」、「男人不能表達情緒」或「男人是理性的動物」，這些對於男性形象的塑造也給予了這個群體社會期待，而這會產生對於群體中個體的束縛，男人不能哭也不能輕易表達情緒、必須大方而且理智，更不用說男主外女主內的傳統思維讓男性認爲自己「應該（ought to）」擔負起所有經濟責任，即便至今的台灣社會仍然有不少人有這樣的認知。

但萬不可因此認爲所有社會中個體都是同樣程度地受迫，因爲女人不只被社會所壓迫，同時也在社會的體制中被規劃進入到被另一個群體——男性所壓迫的位置，這是種雙重的壓迫。「對女人而言，性別的壓迫與文化上貶低女性有關。女人是從屬的，被當成次等公民對待，因爲文化上身爲女人就被定義爲次等。」相對的，若身爲男性，只因爲是男性群體中的一分子，必然地就處於一種特權地位。而所謂的特權與權利不同的地方正是在於：特權沒有相對應的義務。而且，特權不是歸屬於任何一個個體的，而是歸屬於男性這個群體，即便個體沒有意圖去壓迫其他女性，但特權就如同原罪一般烙印在群體所具有的身分——男性之上。

「我不強暴女人，不代表我不參與在這個鼓勵男性特權和性別暴力的父權社會。」

社會作爲一個系統，是獨立存在於我們所有這些個體之外的，我們不是它，我們只是參與它，我們想認識它或許必須要認識個別的男人與女人或是作爲群體的男人或女人，然而，個體的總和並不等於社會。社會是獨立自主的，而社會期待正是社會鋪陳給所有個體「阻力最小的路」。光是具有這點的認知就有改變社會、改變一切的可能性，因爲我們雖然不是這個社會，但我們是這個社會的一分子，沒有我們就沒有這個社會，而我們身為具有自由意志的主體，我們具有能動性，每一個行為都是重塑社會的契機。「社會體系也是處於流動狀態。社會並不是什麼永遠停滯不動的龐然巨物。只有人們參與其中體系才會存在，因此體系必然是從此刻到彼刻、創造與再創造的動態過程。」就像社會心理學的實驗一般，當我們處於群體之中而做出與眾不同的行為，例如在所有人面向出口的電梯中背對著出口，這將造成其他人的不安，而這股不安正是因為該人的行為「反常」，因為「正常」正是一條名為「社會期待」之「阻力最小的路」。改變的可能會出現在我們公開「反常」時，我們展示了其他人有另一條路的存在，增加了「阻力最小的路」的阻力，也就增加了其他人選擇其他選擇的可能性，因此，產生了對於父權社會存在的「意識」，而這層認知，正是改變的開始。

我們身處在父權社會中可能不知不覺，就連語言也不僅是早就被建構著的，更是正在建構中的。我們會說醫師跟女醫師、律師跟女律師、老闆跟老闆娘，正是因為歷來位居這些社會角色（醫師、律師、老闆）的個體絕大多數是男性，因此而形成的概念正是男性的，而常態使用又讓這樣的觀念更加地根深蒂固，所以當這個角色是由女性位居其上時，我們添加了一個性別標誌來辨識這個個體，她是個醫師，但她是女的，所以我們說女醫師。然而，甚至對於父權社會的存在有意識者也可能被誤導，例如「父權紅利（patriarchal dividend）」這個概念，原先的意義是男人在父權社會中所獲得的有關榮譽、名望、指揮的權利或是物質利益等等的紅利（參考 R. W. Connell，*Masculinities*，p.82，Polity Press，2005，2nd edition Jim McKay，Michael A. Messner，Donald Sabo edited，*Masculinities, Gender Relations, and Sport*，p.111，Sage Publications，2000 中亦有對此語詞同樣地使用），卻被扭曲成額外好處（bonus）的意義成爲女性雖處劣勢但也因此得到其他若兩性平等時不會得到的好處，例如被請吃飯、不用負擔經濟責任等等。在這樣有意無意地扭曲之下，我們可以發現，我們無處不在、無所不時地被這個社會所影響著。

社會建構了許多我們認知爲現實的概念，上個世紀中葉之後我們知道性別（gender）是社會所建構的，女性的樣子是被社會期待著的，但男性也同受其迫，社會中的個體無論身分都不會是局外人，因爲男性的樣子也是被期待著的，就如同先前所述：所有人都被這個社會所壓迫著。就如同張娟芬關於這個社會壓迫型態所說的，我們若要獲取自由——無論男性或是女性，就必須要破毀掉壓迫與支配，我們才能知道我們是自由的，而不是身處在枷鎖之中。

讀《愛的自由式：女同志故事書》

——愛的多元，多元的愛

知道張娟芬這位作家，是從死刑開始的，是從我受贈於一位教授《十三姨KTV殺人事件》這本書開始，同時，該書也是我「課外書」閱讀的起點。相隔十年的兩本著作，變的是關心的主題，不變的是紮實的訪談與記述，穿插但不混淆的作者觀，如同故事般將深沉的內蘊用平白的文字呈現。這次的故事是女同志的故事，而因本書是以訪談做成，恕本文不一一引用，而作一統整式的介紹。

黑與白、陰與陽、男與女、民主與獨裁、guilty & innocent、市場經濟與計畫經濟、異性戀與同性戀到T與P，或者是TP與不分（所謂不分是指身爲女同但不特將自己定位在T或P）這種種的相對，是可謂「二元化（binarize）」，就像邏輯上的排中律，P不是A就是-A。

世界充斥著符號，但世界並不是符號，問題在於：在世界上，區分A與-A的標準是什麼?標準是沒有的，亦即，恣意的。只要它正當，是沒有不能拿來用作區分A與-A的，重點是認識到這並不絕對。例如黑與白，表面將所有波長的光反射，我們就看到白色，相反地，吸收所有波長的光的表面，我們就看到黑色，如果眞的要做物質上的區分，也不過就是這兩種表面材質的差異，但黑與白的顏色呢?我們看到的影像僅爲光線經過角膜、虹膜、水晶體後成像在視網膜，其再將訊號經視神經傳送到腦中，這就是我們看到的影像，而黑是我們用來認知那光線被表面全吸收的物體所呈現的影像之觀念，相反的白則是全反射。然而黑白從來不存在，黑白只不過是我們理解與認識世界的創造媒介。更且，全吸收與全反射之間，還有很長很長的區間。或如 guilty & innocent，其根基並不是物質的，而是觀念上的，據法律所作出的判斷，仍然是恣意的，只不過在大部分的情形下，是正當的，但我們很難去宣稱，他就「是」有罪，或他就「是」無辜。二元化只不過是我們認識世界的慣性，但據以二元化的標準從來就不絕對。

而本書所討論的主題：愛。根據性傾向所作出的區分，又更是漂渺難捉摸，當然根據性傾向作出判斷的事實是明確的，但當涉及到愛時，一切都是模糊的，在同性戀與異性戀的劃分上，我們只知道同性戀愛的是相同性別的對象，但我們也必須知道這每個每個的愛——愛者與被愛者——都各不相同。二元化只是慣性，不是定律。

當我們說到女同性戀，最鮮明與最先出現的印象多是一種男性化的女性，但女同性戀並不是那麼單一的集體可以被這種形象所代表。女同性戀卻是有著兩種風格：T與P。一端是陽剛特質，另一端則是陰柔特質。而不分則是以沒有風格就是我的風格作爲主旨。

T、P的劃分既爲二元化的結果，即不那麼絕對。T、P是女人間的情慾凝視、表現與對話，這並不是種角色，所謂角色在社會學的意義上就像個框架，你就只能進入或不進入，作者對於T、P的詮釋是這是一種「風格（style）」，這包括外表、行為、氣質等，也就是說並沒有一個硬性的框架，而是就像配件一般可以穿搭（當然包括 mix 的混搭），所以一個T不必也不會是徹頭徹尾的陽剛，一個P也不必也不會是徹頭徹尾的陰柔。

T們或會遭到「不如男人」的鄙視與輕蔑，但T的陽剛或不能稱作男性的贋品。縱使有過模仿，也並不是種崇拜，而是對於可和女人建立感情關係特權的不服，也就是T們（可能）以為她所慾望的女人的慾望對象是男人，故只能循此目光去形塑自身，而且男人的陽剛，多為順服著社會規訓，但T的陽剛則是自我的形塑。如果單就陽剛這個特點來審視男性與T，或許能在表上打上好幾個合格的勾，然而，T與P之間的關係是一場「遊戲」，T的陽剛並不是一種結構式的束約，而是一種配合扮演（表演），陽剛不是支配對方的工具，而是一種趣味。

那P又是什麼？P是在女同性戀的愛中趨向陰柔特質的那方，P可以說是在投向T的情慾目光反照中成形，「在婆的『發現之旅』裡，T是一個非常關鍵的角色。發現了T，然後才發現自己是婆。」T有面對被稱作贋品的困難，而P也有自己的困難，即被否定，也就是被指稱僅爲迷路的小羊，可能會被這麼說著：「妳還是愛男人的，妳只是一時迷路罷了。」或是被指稱想隱身在所有的女性（包括異性戀與同性戀）之中，不願面對反抗的代價等等。但同性戀（或說所有的群體）從來都不是同質的，對於T而言她的「不一樣」在外表是顯見的，但對於P而言則是內心裡的，而這也同時是P們困難的點，畢竟對於女人的形容詞都適用於P，差別只在於P們少掉了父權體制的焦慮，她們必須要持續地努力宣稱自己的認同，必須要加倍證明與吶喊：「我愛女人！」作者對P的形容有趣又貼切，P被比喻成童話故事要斬殺九頭怪龍的王子，必須要斬掉斬了再生、生了再斬的龍頭，不知何時結束但還是要斬下去。

「婆的慾望映照出一個鮮明的T樣，可是T的慾望，卻往往映照出一個漂亮女生——而已。」

我們用性別劃分出了男女，而T、P就是女同性戀的性別，劃分出了T、P，然而性別並非堅硬的概念，從西蒙波娃之後就揭示出了性別是一種社會建構，T、

P作為性別就是我們認識女同性戀的錨點，就現實面上來說，是一種社會規則的應用方式，就像找工作會拿出證照跟經歷來說明自己，說自己是T或P就可以迅速地讓他人了解自己的條件與性質，雖然這些「證件」並不符應於該人的所有，但這讓社會互動得以流暢。回過頭來，在兩極之間有著靈活的不分，T與P都難以掌握，但是我們無需把不分與T、P對立，如同作者所說：「不分不是跟T婆為敵的，而是從那裡汲取養分、雜交一番所產生的。」不分可能是在愛情中因對象而產生、或是因為本身的性格不想框限自己等不一而足的理由。

然實際上，不論是T、婆或是不分，皆非那麼決然地對立，這些僅為我們辨識的概念而已，常常，她們（女同性戀）會自然地流動，不是為了表示自己的優越或有這種能力，也不是對於區分或不分的鄙夷，而是在生命的實踐過程中實踐與變化出自我。這就像 **Rebecca West** 說她從未能知曉女性主義為何，只知道當表達區分我與門塾的情感之時被人們稱為女性主義者。

最初是T吧作為女同性戀的集會所，生成了TP文化，而後來在女同性戀團體、雜誌與運動出現的女同志生成了新的風格，也就是P與不分。在社會對於異性戀的假設下，差異所產生的情慾張力，女同性戀之中也創造出了差異來形成情慾，所以有了T、P，但也有著不定位自身的主體，也就是不分。而差異或會產生情慾張力，但亦有「因爲我們相同，所以我愛妳」的情形。

各種各樣的人，本質與風格的交互，愛情當然也是多元的。認識自己，並誠實地面對自己的情感與情慾，同時也認識他（她）人，在這過程中也學習、實踐著尊重。我們不需要用這些規則來批判，因爲——尤其是——這些規則並不具備著道德意義。女同性戀的群體與女性主義或有重疊之處，無法忽略的是女性主義的過激就會變成其所反抗的父權體制的爪牙。女同性戀愛的自由式，不僅要愛的／得自由，也必須要持續地踢水與划手才能前行。在一個個的故事中所顯示出的訊息所揭示的就是：愛的多元，多元的愛。

讀《姐妹戲牆：女同志運動學》

——女人與女同

女性主義相對於父權社會的支配與壓迫，應是認識女性主義的初次印象，然而女性主義不只是這樣。社會充斥著各種壓迫，經濟上、政治上、種族上等等應有盡有，而女性主義所面臨的正是性別上的壓迫，然而應該要有更多，女性主義更應該看見在性傾向上的壓迫，而這個壓迫的名稱就是異性戀霸權。在開始之前先約略描繪這兩個概念應該是合適的，所謂的父權就是在生理性別上區分出優劣位，女性無疑地是處於次級、附屬的第二性；而異性戀霸權則是整個社會將焦點聚放在男性，使得男性成爲女性唯一慾望的對象，再無其他可能。

父權（patriarchy）是個區別生理性別的優劣而築建出的社會體制，然卻不可僅因「父」與「母」此相對概念，即認所有的男性皆是獲利者，而所有的女性都是犧牲者，其作爲一種社會制度，是透過角色的雕模再將其安置在不同的地方，進而所有個體也因此在進入社會的過程中因爲未必合身而必須要縮小腹或是打腫臉充胖子了。簡單來說，某個男人不因爲他是男性就不受迫，因爲他必須成爲優勢的，這是社會對他的期待，所以「男人膝下有黃金」、「男人有淚不輕彈」也正是社會對於男人的強制支配；相對的，我們也無法因爲有些女人似乎在社會上有所成就與有社經地位就認爲女性並不如女性主義所說的那麼弱勢，蓋因在二十世紀女人才開始有政治權利之外，至今仍然在法制上都需要作出平等性的規範（女性保障名額），同時，在實然的層面上，高階職位女性是相對少數，同樣的工作上女人也確實地獲取較少的報酬，更甚至在早一些有著禁孕／婚條款，這些都是立基於性別的歧視（不正當）差別對待。

更進一步來說，在社會上的詞彙就表彰出性別間的落差，粗略說一個概念的形成是人們在累積事態經驗後歸納而成的話，我們會在老闆後加上一個娘，在醫師、律師、老師、經理、董事前面加個女，正是因爲這些「角色」原先都是由男性所占據，所以無需說明的是個體的性別，只在異例出現時必須要透過性別標示出差異性；又或是在戀愛中男女以爲被浪漫所驅使而出的求婚儀式，實際不過是從屬性訂立的契約，因爲問的是：「你願意嫁給我嗎？（Will you marry me?）」，卻從來不是：「跟我結婚好嗎？（Will you marry me?）」嫁、娶的概念本先就帶有著主、客的印象在內，那麼再怎麼浪漫也不過是對於支配與壓迫的推波助瀾；結婚中的紅毯走完後，父親把女兒交給新郎，然而再怎麼看這都像是把貴重財產交付的鄭重儀式而已，卻從來沒辦法在這社會認可的儀式中讓性別平等得以呼吸；在結婚後，妻子就算再怎麼有能力取得經濟資源，然而下意識地卻把財產交給先生，因爲「他的是他的，我的也是他的」，夫唱婦隨就是如此現象的濃縮而已，甚至更進一步除了外顯的財產外，女人也會自我禁錮，囿限自身不得與異性有過多的來往，在雙方共同出席的場合卻多是以男方的人際圈爲主，男人繼續過著自己愜意的生活，女人卻犧牲自己的生活，成爲飯酒局中的陪襯。

而這社會對於男女所鋪設的路途也是兩異同時背反的，對男人而言愛情與成就是同向的，取得成就就能取得愛情，所以貨幣這種資本主義社會的成就象徵物之累積就會成為愛情上的資本基礎，同時，獲取愛情也是社會成就的取得，因為女人在父權社會中是種總是被男性凝視著的商品，取得這價值高昂的商品也就等同於成就的獲取；相對的，女人的成就與愛情是相斥的，女人不被鼓勵，甚至被嚇阻於取得社會成就，無論是學識或是經濟上都會因為有良好的表現而被勸阻，女強人或是女博士變成貶抑，因為商品若鋒芒太過耀眼，主人反而成為陪襯了。本書中的作者妥切地描繪這種性別差異，對於男人來說權力就是春藥，然而對於女人來說權力卻是毒藥。進而，成就與愛情之間變成二擇一的問題，作者用進退政治來描繪這關係：「女人『進』入異性戀家庭，就『退』出公領域；『進』入愛情，『退』出事業；丈夫「進』，妻子『退』。」而這就是父權。

父權是女性主義最顯見的標靶，但是可怕的總是檯面下的問題，而這就是本書的重點：異性戀霸權。異性戀霸權的特質正是異性戀被標識為「正常」，進而若不在異性戀的範疇中就成爲「異常」，簡言之，社會的規範會強迫所有個體進入正常軌道，也就是作者所說的「強迫性異性戀」，而這相對的就會靜音同性戀並且對其否定。正視這點可以讓我們知道性傾向並不是自然的，而是社會建構的。

書中提出諸多事例，例如選擇性執法遭致違憲認定的晶晶書庫案；九〇年代北一女協同自殺事件；新公園爲了紀念政治歷史而驅趕同性戀等等。這諸多事例顯示出的正是同性戀不被認可，甚至在政治場域的議題競逐中被邊緣化。另一面，異性戀卻獲取整個社會的支持與抬舉，從情人節到聯誼配對，結婚的紅包禮聘買車買房，到法律制度上的當然代理以及稅率優惠還有生育補助，這種種都是在異性戀的歌頌聲中隱形了同性戀。

然而去問什麼是同性戀卻會發現「性」是不可想像其不存在的要件，似乎沒有同性間的性交行爲就不成爲同性戀，似乎同性間的情誼沒有性接觸就不是同性戀，就女性而言就會用「手帕交」這樣來形容了。然而，再問這「性」的意義更能發現霸權的痕跡，因爲這是用陽具作爲主體來定義的，「插入」作爲性的必要條件，愛撫只能是前戲，男同性戀必須要分成1號跟0號，後者被認作是女性角色的模仿；女同性戀的T／P之分中，前者也被認作不過是男人的贗品。甚至，在問及性的次數時，更是彰顯出一支明顯的陽具，因爲這總是以男性射精的次數爲準，尤其這個問題本身就是以陽具作爲前提才能詢問「次數」，因爲女性的性體驗無法用「次數」衡量。令人悲傷的是，正因爲是少數與弱勢，定義的權力從來都是在優勢方，法律也好或是社會規範，同性戀總是被評價的客體，而無法成爲具有自主性的意義創造者，而在這受迫的過程中滿載著的卻是充滿歧視與偏見的概念，再進一步惡化這之間的循環，雖然這樣的定義與眞實的生命經驗是有相當落差的。

而許多女人確實地進入婚姻，但這並不如眾人所認爲的他們是改邪歸正了，不代表年少時的禁忌嘗試是試錯的，卻是認清婚姻市場交易的性質，使用自由來交換自由，進入婚姻的拘束中來換取離開原先家庭、親族的監視，社會最小的單位是家庭，而家庭則是將異性戀價值觀最早與最高密度的「社會化」機構。甚至，同女與同男會以結婚作爲協議來換取各自理想的人生，「這說起來非常弔詭——同女與男人結婚，來換取『繼續做女同性戀』的自由」，但即便是如此，仍然會受到父權的桎梏，因爲男人仍就是優勢的一方，男人可以爲其所欲，女人卻必須扮演著妻子的角色，而妻子的性別屬性正好是F，她必定地落入弱勢的那個位置，「婚姻中兩性的權力與義務是如此的失衡，在父權律法的規範下，同男的避風港不等於同女的避風港，同男的出路不見得是同女的出路。」

社會學家 Allan G. Johnson 提過社會學是一種看社會的方式，我們必須先看見問題，這是第一步，其次我們要做的是反抗，在壓迫關係中進行反抗，去爭取做選擇的可能性，去爭取自由。

婚姻是社會對於感情關係的正式認可，尤其是透過法律予以承認兩人在感情之間獲得法律上的正當評價，然而，婚姻卻如同波埃西（Étienne de La Boétie）在批判專制一般是個自願爲奴的現象。

固然我們在法律上承認所有的人無論性別的都是主體，所以婚姻在法律上也是「契約」，而契約又是以被認定爲具有自由意志的主體間合意所爲之行爲，但是這個行爲卻背離於契約行爲所必要的預設，因爲進入婚姻是女人對整個社會所爲的自由放棄宣示，她自由地選擇放棄自由。

就拿與上一輩的關係而言，總是只有婆媳關係是問題，鄉土劇的高潮處也常出現這個主題，但從來都沒有岳婿問題，然而，媳婦卻是在整個家族作爲社會的型態之一中受盡壓迫的個體，所以說婆婆與媳婦間的欺凌與蔑視並不是女人對女人的壓迫，而是整個社會以婆婆作爲代表對女人（媳婦）的壓迫，女人（婆婆）做了一輩子的牛馬，待成上位者而具有代表整個社會的正當性時——媳婦進門時，她成爲規訓另一個客體的主人。從女人的視角來看，婚姻的內容是很奇怪的，在別人家孝順別人的父母，卻把自己的父母讓其他女人來照顧，而在養大的女兒被當作水潑去別人家之後，最後卻是由別人潑出來的水來照顧自己。

婚姻是個父權與異性戀霸權的混合物，正是如此才讓進入婚姻的女人成爲受到雙重壓迫的個體，進入婚姻前是受到異性戀霸權的強制（coerce），進入婚姻後則是受到父權的支配。造就這樣現象只有原因（cause），沒有理由（reason），因爲再怎麼說，能說明的只有：「因爲她是女人。」這永遠無法可以說是合理的（reasonable）。

從家庭到學校到社會到國家都是父權的，家庭是社會化最早與最小的場域，在個體還是幼年時，父母是作爲重要他人而讓孩子具有可參照的模型，到進入學齡時個體進入學校進一步受到規訓，到具有自由意志時進入社會同樣地瀰漫著主流價值，而國家的統治工具法律中也無遺地是父權的，在刑法第十條第五項對於性交的定義無疑地是陽具中心觀點：「稱性交者，謂非基於正當目的所爲之下列性侵入行爲：一、以性器進入他人之性器、肛門或口腔，或使之接合之行爲。二、以性器以外之其他身體部位或器物進入他人之性器、肛門，或使之接合之行爲。」插入是性交必要的條件，沒有插入，都只是猥褻與性騷擾行爲而已。再者，過往法律對於通姦罪的規定（現已除罪化）表面上是平等的，但在實際的運用上，涉犯通姦罪的先生半數會得到太太的原諒而獲得撤告，然而，只有不到三分之一的妻子涉犯通姦罪能得到寬宥。女人無論是太太或是小三，都是輸家。

同性戀是在社會的視野範圍之外的，在異性戀霸權陽具中心思維中，對於同性戀的定義劃界是狹窄的，甚至去進行定義的行爲本身就會窄縮現實的豐富，進而在定義之下去進行檢驗時，許多人被否定是同性戀，不只無法完全認識自己，更且也在將同性戀的概念推往社會的邊緣，例如會說：「只是年少不懂事」、「愛過（男）女人還不是回來愛（女）男人了」等等，更別說縱使被歸類是同性戀，仍然是被社會推向懸崖，一次又一次地被提醒爲「異類」。二〇一七年我國大法官釋字七四八號解釋同性戀婚姻應被保障，而後訂立了施行法，我們可以發現同性戀的議題在政治場域中競爭獲得了話語權，進而顚覆了法律是對於社會現象濃縮的傳統，讓法律成爲塑造社會現象的指標。

女性主義者並不是女性才具有這個「者」的適格性，就像父權社會並不是只有「男人」才是壓迫者，如同作者所說：「……一個『女性主義者』適切的定義，不是讀多少理論或有多強的能力；而是對於女人的處境能夠感同身受，願意將心比心。」而在我們同理的行動中，我們也必然地會認識到（女）同性戀受迫的處境，我們能對他／她們產生認同，如同作者所述：「只要認同女人，就是女同性戀。」生理上的性別（sex）確實是命定的，但社會上的性別（gender）卻是建構的，同樣地異性戀也是被建構出來的，因爲慾望是流動的，任何區塊將我們歸類都不過是暫時的，因爲我們在成長也在改變，「……此刻是異性戀並不代表一輩子都是不變的異性戀，慾望的社會建構很可能是一段無法畫下句點的旅程。」在看見社會中的壓迫與支配之後所做的反抗是對於自由的爭取，也是對公平的實踐，更是去眞正的「認識」自己。我們或許自認爲是異性戀者，但是作者的呼籲對於「認識自己」而言是重要的，「但是所有異性戀都必須了解到一點：你非得起來粉碎這個社會對同性戀的歧視不可，因爲只有當所有選項都同樣受尊重、被祝福的時候，你才能光榮地說，作爲異性戀是你的眞實情感、你的自主選擇。」

我們必須破毀壓迫與支配，我們才能眞正地確認我們是自由的，否則我們永世都在枷鎖之中。

讀《惡女書》

——不只是九〇年代的同志文學，卻是愛人的哲學

九〇年代關於性別認同較爲知名的三本著作應該分別是邱妙津的《鱷魚手記》、朱天文的《荒人手記》以及陳雪的《惡女書》了。前二者對我而言首先是攻擊性過強，且似也因邱的早逝使得著作更成如同絕響般被奉譽，尤其是裡頭的「鱷」已不只是現實的個體，而是已經理型化的意象，次者雖說模糊了敘事者的定位然而印象卻無法鑿刻在我腦中。

但是，《惡女書》卻深深地打動我，雖說楊照在序中批評著這是一本虛幻意識告白，作者仍深陷社會對同性戀情欲貶低的窠臼，我想或許裡頭可能經常有「進入」一詞是個肇因，然而「進入」的動作非必代表陽具對於女體的進入，畢竟這是在現

象上以文化的觀點進行詮釋才有此諸端的意義形成，也因此即便楊照也是我十分欣賞的作家，我也不甚認同該文評。

有些作品的「知名度」來自於其政治性，例如有些僅因其具有的性別作為敘事主題而躍升成為受歡迎或者好評的前茅之列，然而陳雪的作品卻不然，固然故事中是以女同性戀作為敘事主軸，並且在過程中充斥著性愛，滿滿的性愛。但是這些性愛卻不像村上春樹故事中莫名所以出現的做愛，也不是情色小說中為了滿足賁張血管的煽情描寫，卻是赤裸裸地描寫愛、人。性是人的本能，性愛也就是人的本能，愛卻又不止如此，超越生物性的慾望之上有著的是精神性的聯繫。

且原先也經常見到陳雪這名字在書架上，因此會疑惑著是否是個「暢銷」作家，因此從未有一讀的念頭，是直到這本《惡女書》的再再版，因其書名與封面設計吸引到我，也因此讓我一舉買下幾乎陳雪其餘的作品在日後慢慢閱讀，因為這不是二十年前被某些人所批判道為求驚駭的寫作，而是單僅以其文筆就足以為人讚道，遑論其所描寫的故事主軸在那封閉初開的年代，是更加難得。許多作品被拿出「年代」時，通常都是要說項、開脫，例如說：「難免嘛，那個時代無可厚非的」，但這本書卻完完全全相反，句子反過來變成是：「在那個時代，竟然」。

「我眞傻，眞傻，現在回想起來，從前所迷惑的、害怕的，都是一些微不足道的事啊！我睜開雙眼，清清楚楚的看著她，阿貓，性別上是個女人，長相舉止都像社會定義中的男人，然而，深深吸引我的不正是她混合著堅毅、自我、狂野和溫柔、細膩的性格嗎？在我眼中，她只是我的愛人，一個令我無法抗拒的人，當我第一眼看見她就已經愛上了她，現在愛她，以後也不會改變：

「我們自小在社會中成長，各種教育、訊息、知識都告訴我們，男生愛女生，女生愛男生是天經地義的事，人可以對一隻狗、一隻貓產生像親人一般的感情，卻不能容忍人對相同性別的人產生愛情和性欲，我因爲自己愛上了一個女人而驚慌不已，甚至害怕得逃離，只是不願和別人不一樣而已，結果呢？結果讓自己變成一具行屍走肉，空洞地在世上飄來蕩去，誰又認同我了呢？

「眞是愚蠢至極。」

這段對話出現在以「陳雪」爲角色姓名的最後短篇〈貓死了之後〉，節錄這段話並非因爲最喜歡這個短篇，四個短篇都難分優劣地良好，恰巧只是這段對話如同告白一般說出了一個女同的心。甚至這段文字也是挑戰著二元性別在愛的問題上無足輕重，我們愛的不是那個人的性別，卻是那個「人的本身」，即使活在一個社會中我們無法避免地在各種依存關係下而存在，也會因此必然地能被特定「概念」所捕捉，性別、職業、地位、學位各種特徵，但是有些本質是即便剝除了這些條件仍然獨自存在著的，那就是主體自身。而僅此，才是愛所附著的。

這些特徵或許是在社會關係上以方便他者對自身的了解而存，但必然地會產生認知偏差，然若我們要去愛一個人，就必得要去破除這些魔障。而這些條件的存在也一定造成著各種傷害，想要成爲男人的T、認同混亂的個體，又或者是不曉得自身所愛者究竟是那個T的她還是她身上的 陽剛氣質（masculinity），過程是辛苦的，走向終點也未必是砍去荊棘後的康莊道路，卻可能是上吊而亡、不受理解而墜樓還是染紅的浴缸，即便是三十年後的今日，仍然有現代社會中的「他者」面臨著各種苦難。雖然涂爾幹（E. Durkheim）在《社會學方法論》中提過在社會整體的進化中犯罪必然是規則的現象，換句話說，社會中既然存在著標準，也將會有「我群」與「他者」的對立關係，進而劃分出「正常」與「異常」，且高夫曼（E. Goffman）也在《汙名》中提過這些區分來自於觀點，或多或少我們每個人都在某中觀點中是個異常者，然而在其他類別中的異常者必然不是我們這些正常者所能眞正理解的，但這卻不阻礙我們去嘗試，去試著理解。

善與惡是否不過人為的文化建構呢？那麼，惡女孰人？又，惡女實存？

讀《哀豔是童年》——女、性

有時會從書名看中一本書，《旅人》就是這樣被我發現的，在二手書店因爲能以原先三分之一的價格獲得同樣的文本，有時候更有意料之外的收穫，例如前一位讀者的筆跡、劃痕，甚至有首購者在頁首的簽名、署期，似乎這本書從來不打算離開身邊的，但時間會變人也會變，不知怎地書就開始漂流，同時把自己過去的痕跡一併飄向遠方，這是種浪漫。

而《哀》這本書各篇中似有連貫之處，例如前面幾章的殊殊，對著拓普與INGI，或是不同主角在後面篇章的貝貝倩、許清芬，但幾乎的共同點就在於都是女性，都是女人，說著墮胎，說著愛，甚至對於第三者，或說，身爲第三者的告白

——《與男友的前女友密談》。若要說能對這本書評論什麼，那肯定是我妄自尊大了，文學始終對我如同一團濃霧，似懂非懂，巴特對於文本的催生，西西對於作者的還魂，終究都只能在一知半解之中努力著去說出些自認爲的透澈。當然，文本是開放的，所以我也無所懼怕，就連這篇集是眞實還是虛構我也不太在意，對我來說重要的是其中的一些東西打中了我。

《墮胎者》開門見山地把女性的性愉悅器官：陰蒂，給比喻出來，那就像一顆蛋，怎麼碰都可以，只要不要弄破蛋膜。當然對於某些文化來說，陰蒂是必須割除的，那不潔，就像我們文化中認爲女性的月經是髒血，進入廟宇是對信仰的褻瀆，諷刺的是這灘血是孕育所有人類的蓋亞。但是當血停了，並不是人人歡喜的，墮胎嗎？墮誰的胎？結婚的？沒結婚的？爲什麼一個宣示儀式，一堆人在場看了一男一女的儀式，這個胎就特別了呢？不同樣都是精子結合了卵子而已嗎？偏偏，這就形成了道德與不道德的差別，這讓我們的道德觀顯得更加不合時宜似的，只不過道德不就是這麼回事嗎？你逆父在傳統儒教中是個背德之事，因爲「父權」中男性乃是宰制者，然而「父權」也好甚至「父」根本都來自於傳聞。女人知道自己的孩子是誰是因爲血淋淋、活生生地從身上給取出，就像拿掉一段盲腸一樣鮮明，但是父親呢？是別人說的。隔壁叔叔、我的舅舅，最有可信性的當然就是我的媽媽，她說：「他是你爸爸。」所以我們信了，但爸爸從來都不是自然性的，而只不過是一個社會想像。父親並不實在，他只不過是我們共同想像從而存在的全影投射，這也是爲何我們要賦予父親命名權，他的姓氏要被傳遞，才能以此證明這個個體是我的遺緒，然而若爲自明之事，何須證明？這裡有趣的地方是，把這傳統父權壓迫式的現象，巧妙地主僕換位，男人反而不過是需要被特別照顧的客體，若非如此，他們一點地位也無。

而《墮》與接下數篇都是以殊殊爲主角的，這個名字可別有深意，「殊殊。殊。殊。歹。朱。壞掉的紅色。殊殊是壞掉的血，死去的愛，衰毀的道德。」而這血又是在墮胎後所見，正因如此才讓自己重生爲「殊殊」，墮胎拉出來的血塊在這裡用了雞心作爲代稱，一團紅紅的肉，像極了一塊雞心，而這雞心有骨又有肉，骨肉可不只是象徵，而是實際存在的組織體。墮胎死了一個胚胎，但也誕生了一個新人，一個女人，他成了壞死的血，但卻也是新生，墮胎死亡的同時也催生了一個新人類，生死一體，死亡也是再生。

除了自己，女人也會面臨到愛情，《與男友的前女友密談》正是淋漓盡致的一封公開信，從分手到自殺，當然，這裡的自殺不是燒炭割腕的那種自殺，但若眞要說也相差不會太遠，因爲一個人離開了我們的生命，他就像死了，就像一個人眞的死了，我們也透過一個儀式來確認這一點。但一個人的離開不只是死了他，我們自己也死了，有時候，這個死亡是我們自己動手的，「死不了 INGI，死不了回憶。殊殊我跟你一樣，轉而動手殺自己。喝酒喝到爛醉，爲了忘記。吃藥吃到昏迷，爲了忘記。跳舞跳到意識飛離。流血流到脈搏變低。排除意識，排除時間，排除自己。我爬上公寓樓頂，想像自己飛墜而下、粉身碎骨，一陣大雨忽而落下，有個男孩上樓搶救剛洗淨的床單。男孩笑嘻嘻的，像是受了媽媽的派遣。他的動作緩慢而凌亂，是個智障。」這是爲何？因爲我們的身體不同調，我們腦子知道，我們再也沒有特權，但身體卻誠實地留在時間迴廊，尤其是皮膚，「皮膚尤其記得，皮膚什麼都記得：戀人的目光，停在脖子上的緊繃感；指甲畫過肚皮，有什麼東西像水一樣盪開來；頑皮的睫毛擦過臉頰；遺留在耳垂上的，話語的重量感……」

而心裡的變換也從原先的各種不得不：不得不一起晚餐，不得不一起共眠，不得不一起電影，變成，不得不離開。「離開大雨傾盆的公寓，走入破布般濁重的雨幕，眼睛溼得打不開，心底卻是一片澄明：我想起當時，之所以痛下決心與INGI分手，正是因爲，假如我們繼續在一起，日子不會更好，於是我們將用下半輩子斤斤計較，計算著自己的犧牲。所有美好的都將化爲醜陋，這醜陋還會逆著時間的河，回溯至上游、至清澈的水源地，像重金屬毒死整條河流，將過去的回憶全部汙染，連初戀的瞬間也無從倖免。」若不離開，這就是一顆倒著長的毒樹果實，會從根毒到果，而想像就是一種品嘗，我們卻會吃到毒，死在這口咀嚼中。這整個對我來說，是一個無從想像過的愛情生老病死，述者對殊殊說著，曾經的我是今天的你，而明天的你會是昨天的我，我是過你，你會是我。愛情是否永恆？又或者nothing lasts？

《浮血貓》則是童年的殊殊，六歲時看到了六十六歲的陰莖，那可不是驚鴻一瞥，而是被老人給帶去鐵皮寮，不是垂睡著的，而是努力勃立著的，「老人以高亢的情緒鼓動著自己、與那腫脹的肉器。殊殊的手還在、還沒離開，但她的不耐煩已經傳到指尖，老人覺得女孩要放手了，趕忙抓起床腳的鐵罐，對著她工作中的小手，淋上厚厚的沙拉油。這罐油擺了很久，老而稠膩，在熱烘烘的下午四點，四分零三秒，抽送出一股熱烘烘的、不新鮮的味道，阻塞了殊殊的嗅覺，卻加快了陰莖的勃大起伏。」噁心嗎？噁心至極。但這個背景噁心不噁心？老兵何爲老兵不就和威權統治者雕像仍然跟陰莖一般矗立在各處一般，在殖民者死亡後仍然凝視著街道，街道也是失去疆土的在地復活一般噁心？說遠了，說得像是要幫老兵說話似的，「一切都是社會的錯！」就如同現在對於精神病患錯行的去人格託辭，我們卻還以爲爲他著想。又說遠了。

殊殊十七、八歲在公車上偶遇了老兵，這位在當時事發被眾人追打的老兵，那時的女孩殊殊被眾人關心，關心著到底有沒有表現出創傷的樣子，而不是關心著到底有沒有創傷，洗著她好奇觸摸老態陰莖的手，但實際上想要洗掉的是殊殊。那青少女的殊殊呢？她跟著老兵回到了破爛的住處，她沒被認出，假裝成社工，關心著要幫忙老人，她幫老人洗滌身體，這次她卻是在成人的意識中，主動地幫老人洗滌他的下身，讓雙手在泡泡中反覆地搓揉，解放。在這裡卻不同了，噁心嗎？感覺不到，卻反而像是一種淨化的儀式，像是要給過去的自己一個交代，像是曾經或許我不懂，我如果不怪罪他就是我自找的，女人被要求要積極地說不，三次不才是不，不然不就是要，痛就是爽，不怪罪就是我淫蕩。當成長為一個個體，我把留停在那個位置的奴隸給轉化，我，才是支配者。

當然，這樣的詮釋方法也可能被認為是聊以自慰的精神勝利法，更可能被認為是助長女性受迫的處境，然而，若性別是為建構，那麼語言與敘事就是進行再建構的良好路徑，就像 free the nipple，乳頭曾經是個色情象徵，但卻是在實踐中把與色情象徵的連結給斷除，而語言，正是一種實踐。

除此之外的，在《哀》一書的各個故事，各處隱隱約約地留下了威權的痕跡，就像是個線索，必須要仔細地嗅聞才能看見，但這難以稱爲主旨，只不過在閱讀時難以忽視，就像《返校》的遊戲中，神鬼作爲表面，威權體制作爲裡面，從來就無法視而不見。像是《奸細》中的女孩被送進了私立小學，而台語是個鄙俗的聲音，而她潛入這群高等人之中，用那雙耳目觀察記憶；《浮血貓》的老人被眾人追打，其中之一打得最兇正是有著大學學歷卻操著一口台灣國語失志的青年人；《北妖傳說》中的少女穿著小綠綠，撞上了教官但因爲國歌正在哼唱，教官也被無形的力量給定身在原地之上。

這都是我們的歷史，也是女性的故事，然而這也不只是故事，虛構之中，總是映襯著現實。

《女神自助餐》——權力的虛實蒙太奇

女權自助餐，是對女性主義者的貶義，認為只想享受權利但不承擔義務的女性是如同去自助餐店擇食塡慾的消費者。我們無法否認有這樣的人存在，就像我們也無法否認在男性之中也會有性別意識的個體，但問題存在於結構之中時，這些例外的存在並無法抹去讓原則得以存在的機制所具有的問題。

確實有誣告的女性，但相較於性侵害的男性是有懸殊之別，例外被提出並不是為了辯論與溝通，而是以偏來概全，然而被遮蔽的卻是讓原則得以存在的社會背景，因為沒人會去提到誣告成案的案例絕無僅有，遑論特定在妨害性自主類型；更不會去提到每年判決成立性侵害罪名的性別比例，男對女是一千比一。

以女神自助餐作爲書名我想是種戲謔，或許可以理解成只有女神才可以自助餐，那麼這又是另一種雙標了；或許是反過來，由社會的標準來判定誰是女神，這也是整個社會的自助餐。那麼這個社會又是什麼的代表？

在裡頭我們可以看到位處各種不同「位置」的女性，下屬、上司、媳婦、太太，位置的重要性是因爲這是脫離於個體與個體之外，是整個體制去爲每個位置設定行爲規範，所以即便是被壓迫的個體，也會在「媳婦熬成婆」的那時成爲壓迫者。因爲個體無法脫離於社會群體索居，我們的價值觀也無法不在與他人的互動中形成，當所有人面向電梯的背面，即便我們面向門口也會深感壓力。

「體脂肪是階級，年齡是階級，雙眼間距是階級，唇峰弧度是階級，眉色濃淡是階級……」她一邊想著一邊無法原諒自己，她高中就讀過西蒙波娃，大學曾經加入女性詩社，現在每週四下午還有三學分的通識課在對六十個大學生講性別，但在接觸女性主義二十年後，她才終於發現最大的壓迫不是不懂得追求平等，而是懂了以後卻還是不能自外於這些競爭遊戲，在每一個細項裡都身不由己地追求五星好評，而最可笑的大概是，就連『讀過西蒙波娃』也是某個評分標準裡的一環。」

這個標準是父權社會中的男性凝視，所謂的審美觀是父權的審美觀，在這樣的環境下的個體（無論性別）的自我都是被父權的超我給監視的囚犯，你這樣做怎麼不夠性感？你這樣做怎麼守婦道？你這樣做不夠男人、你這樣做不夠女生。作爲個體存在於社會，是無法脫免於社會的約束，但差別在於父權的特質正在於抬升男性，故而縱使同爲被壓迫的個體，但女性卻是再一步受到規則約束也同時被男性壓迫的個體，這是雙重的。

同樣的生理老化，男人是越老越帥，女人是越老越不值錢，甚至還有五十坐地能吸土的諷言；同樣是做事果斷，男人是很陽剛，女人是男人婆；同樣是舉止妖嬈，女性是性感撩人，男性是娘炮。重點不在每個個體的行止，而是各種抽象觀念已經被社會標準給評價，像個男人一樣，被連結爲成熟與冷靜甚至是通俗意義上的理性，然而，像個女人一樣，被連結爲不成熟與情緒化以及通俗意義上的感性，在法律上我們確實把兩者都當作「人」的主體，但實際上社會價值並不與法規範同步。

舉例來說，中華實用主義的我國社會，具有高社經地位的資本家或三師，其上的道德敗行就變成是「瑕不掩瑜」，即便有家暴、外遇也被「成功」給豁免，而身爲男性也是價值優位，同樣開腿，男性就是豪邁，女性就是放蕩。我們應該肯認「歧視」，而所謂歧視是指「不同事物，不同對待」，所以男女廁分立是正當的歧視，我們該譴責的是同工不同酬的不正當歧視。然而，跟異性往來、開腿而坐、開黃腔、個性直爽，這些是在性別之間具有政治意義或是道德意義的行爲嗎？也就是說，這些行爲「應該」因爲由不同性別的個體來實施，而應該給予不同評價嗎？

而當我們發現不該，然而實際上卻仍反於這個論斷結果時，這個社會就與「應該」所立基的標準有落差。

這本書由短篇故事所構成，但這就好像成田良悟的群象劇，雖然角色與敘事複數，然而中心主旨卻能捕捉。相較於《82年生的金智英》以集所有女性之大成的虛構故事來指陳現實的各種現象，《女神自助餐》則以不同故事去說明不同社會脈絡下女性所遭遇的處境，或許是產後憂鬱用集奶器自殺的女員工、或許是請產假被

（女性）同事奚落的女員工、或許是被性騷擾的同事、同處於壓迫者共犯的家女也是婆家媳婦的女人，這些對於生活在我國社會的讀者而言是更有現實感，而不再會當成是純虛構來面對，否則這太天眞與罔顧現實。

然而我們正應該去面對現實，面對被壓迫的現實，才能去指出議題，進一步才可能有溝通達成共識然後改變。而這些故事中的事件或許是抽象化後的具體，但是抽象也必須從具體的歸納得來，那麼差別可能只是不同年齡、長相、體型的女人，遭遇到這樣如驚恐於被跟蹤、被言語嘲諷很安全的情況。

而以女性爲主題的這本書，我們可以發現「女性主義」這個思想被以故事的方式呈現，且並非以說教式或批判式的言語，而是拿出這些在「公平」尺度上是否應該作出不同對應的提問，讓讀者成爲事件的見證者，打開了思考的開端。最有趣的是末篇的《火車做夢》，作爲其他篇章中出現的細節，一名女性立委以性別爲主軸的政治形象，而因其曾在火車上發生的事件成爲生命歷史的一部。

這裡的論題是更虛實交雜的，這篇是作者在參加文學課時所曾發表的片段，由掌握話語權的課程教師同爲文學大老，用作其作品中之一部，這無疑地是剽竊。但當事件發生時，會發現有如同性侵一般地有檢討被害人的聲音，是不是想紅？是不是要出版要炒熱度？當然這種文化氣味促使臭味相投，並且掌握話語權威也會讓人減少思考直接認定權威既然存在必然合理。當性攻擊對於性自主的妨害是對人格內裡的侵奪，而思想結晶的創作也與人格不可分割，對其之剽竊在這個層面上也如同思想上的強暴。作爲文集的安排，與現實如此巧妙地蒙太奇結合，不只把女性主義以文學的方式給表述，也透過文本的安排讓這層意義——權力能被解讀。

所有的事物都關於性，性，是關於權力（Everything in the world is about sex except sex. Sex is about power.）。齊澤克（Slovaj Zizek）引用王爾德（Oscar Wilde）如是說。

讀《82年生的金智英》

——金智英是所有女性的名字

金智英，除了是個具有精神疾病這個汙名化身分的個體，同時她的另一個身分是在社會上有更大的汙名的，也就是「女性」的身分。所謂的汙名從來都不是本質性的，而是根據觀點所形成的，這是社會學家 Goffman 的分析，每個人都或隱或顯具有著汙名化的身分，而重要的是我們如何管控各式各樣的訊息。然而，有些訊息是被動公開的，不像某些疾病等是可選擇是否與如何公開的，如同殘障一般，女性的身分也是如外顯所示地成爲汙名的一系。

長期的壓迫使其人格分裂，她會成爲身邊的人，以那些人的語氣說話，甚至金智英成爲了她自身的「她」，有說法認爲人格的形成是爲了保護自我不受破壞，因此將其封存，然而，金智英是否還存在著自我呢？是否超我已經把社會規範內化，而將自我同化爲超我，因此自我不復存？故事是以先生將其帶往精神病醫生敘述病史開始，而這病史正是金智英的人生。

家族中的爺爺無養家能力，但也無意願養家，奶奶從沒有怨言，認爲不偷腥不打人已經很好，即便只有金智英的父親三子扶養著她，卻認爲：「幸好我生了四個兒子，所以才能這樣吃兒子煮的飯、睡兒子燒的炕，眞的至少要有四個兒子才行。」雖然，眞正照顧她的是吳淑美——金智英的母親。金智英的母親就是典型的「媳婦」，要照顧孩子也要照顧丈夫，甚至連婆婆也要照顧，這是媳婦的價値所在，也是媳婦的行爲規範準則。她曾有過自己想要做的事，但順應於家庭，順應於整個社會，自我不再重要，因爲這個社會不曾認爲女人是個人，既不是人，何來之自我？

一九八二年出生的金智英，排行第二，上有一個姊姊，母親因爲連續生了兩個女兒感到焦慮與愧疚，爲了給婆婆交代不得不生個男孩，若第三胎是個女性，就會是醫學上的正當墮胎事由，所以嚴格說起來，金智英的弟弟不是第三個孩子，因爲他們兩個之間所相差的五歲間距，中間有個嬰靈。成長過程中，漸漸會發現班長由男生擔任，即便普遍認爲女生比較細心，但終究領導職還是男人才適合，女人就是負責打理細節，所以體育股長是男生，學藝股長是女生，適才適性，這種分工的社會就如同是種父權的理想社會。

在學校中對於男女也是差別待遇，我們所說的差別待遇並不是否定一切差別待遇的存在，例如男女廁也是種差別待遇，重要的是形成差別待遇的理據是否「正當」。校內女性衣著不得長裙過膝、臀腿曲線不可顯露，制服內需爲圓領無袖白汗衫，款式更不可有顏色或是蕾絲，夏天要是膚色絲襪配白短襪，冬天則是黑絲襪，而且只能穿皮鞋；相對的，男性除了不可改褲管外，內裡可以穿白背心或各色的圓領衫，即便釦子沒扣好也沒關係，鞋子更不是問題。因爲，男生要運動，女生不需要運動。尤其在教育上也是親子間無法溝通的「禁忌」，初經來臨有些父親送花，有些家庭切蛋糕慶祝，但在許多家庭中這是無法成爲言談內容的，衛生棉不夠牢靠時，金智英的母親只能尷尬地提醒她趕緊更衣，但陰道排出經血難道不就是生理女性的自然現象嗎？然而，這卻被人爲地建構成一種羞恥之事，不可說，只能意會，不應言傳。

隨著年紀長大，金智英發現變態之多與世界寬廣等量，補習班自認爲被喜好的男學生，一路從公車站跟蹤到下一個車站，唯一能求救的只有另一個陌生人，女性。即便傳訊向父親求救而姍姍來遲，然而卻招來父親的責罵，「爲什麼偏要去那麼遠補習班補習、爲什麼要跟陌生人說話、爲什麼裙子那麼短……金智英就是受這樣的教育長大的——女孩子凡事要小心、穿著要保守、行爲要檢點，危險的時間、危險的人要自己懂得避免，否則問題是出在不懂得避免的人身上。」如同在校時有校外的暴露狂，被糾錯的是窗台觀望的女學生，女性必須要溫柔端莊，怎可直視此等猥褻之景？縱使這幾位女同學將暴露狂繩之以法，卻被記過與禁止聽課而需懺悔，「女孩子怎麼這麼不知羞恥，把學校臉全丟光了，眞是不要臉！」身爲女性，到底如何做是對的？怎麼做又是錯的？

除了跟蹤狂，越是長大變態越是多元，公共運輸上的鹹豬手滑過胸臀、磨蹭腿部、背部，長輩莫名搭肩順後頸下滑，眼睛盯著胸前，男老師捏女學生手臂內側、拍屁股、在內衣扣環處滑動，趁檢查名牌摸胸部、掀開裙襬，男同學調戲女學生，並被所有人「詮釋」爲是對異性的喜歡不知如何表達。當同樣一件事在不同的人身上被做出，而這不同的人具有不同的性別身分時，這就形成區別行爲對錯的已不再是「行爲」，而是「身分」，因此被審判的不再是舉止，而是這個人的性別。

弟弟的奶粉是專屬，只因爲他有陰莖，即便曾有些自主性的母親，也隱晦地偏袒兒子，而或許這也不一定是因爲母親對於性別的偏好，但也可能因爲要喜獲麟兒而具有的「稀缺性」，使得其價値被提升得更高。但在這種結構所形成的差別待遇中，無故所增添於其上的利益，成爲他人對其妒恨的基礎，這將是個惡性循環，然而整個社會體制正是這樣樹立兩個性別的敵對。

金智英能根據自己的選擇考上首爾的大學中的人文學科，只因爲家庭經濟正好碰上問題而沒人關心，諷刺的是，這裡卻仍還是傳統的「消極自由」觀，僅在權力所不及之處，才是自由之所在。然而這就如同王權一般，僅在君王意志所不欲支配之地方為屬民之自由，但君王仍因君權之神授，而不受侷限。上了大學參加社團交往了男友，分手後也需遭他人以「哎，算了，被人嚼過的口香糖誰還想再吃啊？」如此之評語看待，說出這樣話的人卻還是冠冕堂皇的學長樣貌。每個個體在進入社會的過程稱作「社會化」，這是一個分流的過程，但在系統的前端與後端唯一沒有被「特殊異常化」的就是普遍存在的性別落差：男性總是強勢性別，是主體；女性總是弱勢性別，是客體。

書的內容裡頭提到在韓國的就職女性錄取率、主管職女性比例、薪資落差、產後就職率，女性總劣於男性，然因作為文學看待故而就此實際數據暫且不引，唯參考我國的數據也可知兩國之間相距不遠：二〇一五到二〇一八年間，根據我國行政院主計處性侵害事件加害人統計，男性加害人數是九〇六九人、七一二〇人、六九七六人、七二三五人，而女性的加害人數是六六一人、五五四人、五四九人、五五九人之間，可以看到其中有十倍以上的差距；法務部統計地方檢察署辦理性侵案件統計中的偵查終結起訴人數與裁定確定有罪人數中，男性是二〇四三人與一七五八人、一九五〇人與一五五一人、一八三五人與一四九一人、一七〇五人與一五〇七人，女性則是二十三人與二十一人、十五人與六人、十三人與十人、十九人與八人，有千倍的落差；行政院主計處所提供每人每月經常性薪資在不同的行業中男性都是普遍高於女性，甚至有將近高出四十%的經常性薪資。這些就是我們所生活的社會實況。

母親冠上了偉大的名號就不能喊苦，因爲母愛就必須使用對胎兒最好但母親或許不那麼舒適的生產方式；面試時考官會以假設性提問若遇到性騷擾該如何反應，視察考生的回答，然而無論是答覆找藉口離開、當場斥責、先檢視自身有無使人誤會之舉止，都可能如同書中的故事一般被拒卻在職場外；新進的職員中只有女性會主動泡咖啡、訂餐、準備餐具，相對的男性卻不會如此自動自發，社會早已將性別的教條予以規訓入個體的自我；應酬時女性就要應付黃色笑話、被吃豆腐，陪席在重要客戶身旁給人調戲；產假、育嬰假成爲一種「特權」，但無人正視這些權利所由來正因爲在現實中僅有女性擔負了生產的代價，然而即便帶養小孩也會成爲被揶揄是花先生錢的拜金女；企業發生偷拍也會以不要起波瀾影響公司爲名，更提出當事人有家室妻女不要造成他們的傷害，尤其他們也「只是」傳閱而已沒有偷拍。如此都是金智英的遭遇，整個社會對待女性就如同是個工具，是個生產男丁的器皿，懷孕與性交是如此隱密與親暱之事，卻要被三姑六婆給叨問催促，似乎希冀將男性的精液盡快灑播在培養槽中，或許就連難產也沒人在乎。

「嫁」人是社會對女性的期許，也已成爲許多女性對自身的期許，以父權的眼光審視自身與他人，男性凝視（male gaze）並非代表生理上男性的觀點，而是社會上的男性觀點，所以什麼是「美」，什麼是「好女人」，都已經是種文化建構成品：要胸大臀翹、溫柔婉約、不忤逆、人前溫柔床上兇猛，這些都是父權中的理想，卻是人權的反式幻想。所謂的女性主義、女權，其實是人權的延伸，如此而已，因爲身而爲人，在「人」的準尺上就應該受到同等的對待。

本書是文學，所以是虛構，但金智英是個被歸納後的概念集合，所以當然會有誇張之處，這就是戲劇性，其集所有悲慘於一身，故而當然誇大。但當我們將「金智英」這個概念解構並散發後可以發現到，在現實中的每位女性都有金智英的一些影子，或許是要照顧全家、或許是要被調戲、或許要被性騷擾，甚至在任何一個可能的地方與時點也會出現與「金智英」的觀念符應的現實對象。換言之，「金智英」其實是散發在世界上每一個女人的處境，在爭取種族平等的時候是以「人權」之名，因爲所有人作爲人都値得尊重與認眞對待，但在女性卻要以女權之名，多少是政治性的訴求呼召回應，但著實而論，女權不過是從「人作爲主體」爲起點，就身而爲人就應該不受到無正當理由的差別待遇來評判現實的規範而已。畢竟金智英所受到的待遇正是不正義的產物，然而，金智英卻是所有女性的名字，而這正是我們閱讀完所該省思的東西。

讀《蒙馬特遺書》

——大寫的概念不總符應於現實

說到同性戀，沒有人能忽略掉邱妙津，尤其是《鱷魚手記》中的「拉子」成爲九〇後同性戀文化中的新概念，固然我們無法回到三十年前知曉那時的各種環境條件，但是我希望能試著不以後見之明地審看這文本。也就是說，在邱妙津是「邱妙津」之前（如果是英文的話，這個語詞我會加上大寫第一個字），在《蒙馬特遺書》是「蒙馬特遺書」之前，我認爲有些地方是値得省思的。

舉例來說，作家林奕含的自殺使得《房思琪》這本書成爲焦點，甚至作品所影射——甚至指涉的現實人物，也因此必須迴避輿論風頭前往中國，而我認爲一個文學的虛構性本身就未必需要「摻眞」，就像我們拿偉大文學在研讀時不需要去想像是不是眞的有個烏托邦——敵托邦才能得出教訓一般，於是我把這本書當作假設爲眞來反省意義，包括性別，包括性攻擊。而《蒙馬特遺書》中，唯一讓我較爲印象深刻的是第十六書描寫與 Laurence 的性愛，那種愛欲與互動，充分展現美態，但除此之外其餘之書，諸多寫就著對「絮」這人的狂愛、熱愛、病愛。

我不曉得這本著作是自願出版的，又或者是如同卡夫卡的著作是死後被出版的，畢竟裡頭寫道的年歲正好是作者自殺的二十六，然就這種私語式地像是日記記載自身的情感、心緒，而這若是爲了出版品而製作的確實會令人感到一股震懾。並不像徐珮芬詩集中的黑暗帶有些獵奇，又或者是林蔚昀的自我剖析中的輕快，邱妙津的這本文字中帶有著「攻擊性」，眼球掃過文字間是會本能性地升起防禦機轉的，因爲那愛太過執著，已經達到偏執的地步。當然文中有提到諸多其他女性，但是最主要投向的情感對象還是爲「絮」。

「絮」，被用引號特寫，是因爲這已經成爲邱妙津的理型，在書中有提到類似如「你若不……你就不是絮」此類的語句，代表的是絮已經成爲一種理念化的存在，而就像我們對某人有某種想像，例如美好的，但若現實上不然呢？一般是不會如何，但是在文字中顯現出的是邱帶有眞實的攻擊性，攻擊自己與他人，於是很難不去設想若說今天即便肉體上的絜出現了，但卻不符合這理想上的「絜」，攻擊傾向是否會投向他呢？畢竟在裡頭把愛、生、死這些串接在一塊，而我也未打算否認這樣坦誠的勇敢與藝術，但終究我們不能因爲特定人的特質因此屏蔽掉若同樣行爲出現在其他人身上時的判斷結論。雙重標準並不是個適當的評價基礎。

或許有人會說在那個時代同性戀所面臨的壓力是我們必須去同理的，是的，這也是我所聽聞，而我從未否定我們應該要去同理，說個在法律上提供的判斷方式是一件事情是先判斷行爲的對錯，其後，才是該人是否可被赦免。在遺書中提到的各種關於死，告訴他人要死，這些在情感互動上若說不是那個時代，若說不是同性戀，或許會是不被認可的行爲，然而在當代這些特徵卻成爲「社群大地雷」而變成避觸的焦點，尤其參看在文本之後汗牛充棟的研究文集，那又成爲更無可企及的高聳。然而，我們曉得，是社會中每個人在各個面向、各種身分、各種位置上都會面臨不同的社會壓力，但這從來不能正當化任何錯行，更不能是要求他人寬免的權利。我並不是說有人這樣做了，我只是說，對錯是一回事，原諒是另一回事，能否要求原諒又是另一回事。

「邱妙津」似乎成為了年輕自縊被追封的象徵，也就是在那時，邱妙津有無這些意圖成為同志的代表？同志文學的代表？這讓我想到的是鄭南榕，我並不是想要在二者之間做任何比引，我想說的是，鄭南榕追求百分百自由的自焚行動以反抗國民黨威權的追緝，他或許也沒想過後人會把他放上台獨理念頂端。也就是，他不過是在貫徹他的理念而已，基此而做出這樣這種的行動，衝撞、實踐。同樣的，邱妙津或許也不過在寫下內心的掙扎，而從來只想去愛，即便異常、即便病態。只不過，在成為「邱妙津」之後，社群間卻會「去蕪存菁」，取其所要、捨其所拒，但我們或許更應該試著去認識在一個「理型（ideotype）」的背後，這個概念所指涉對象，那已被模糊的樣貌。

讀《生死場》——掙扎

若未識得蕭紅，也會爲裡頭描寫生死給震撼；而若識得她，則更爲她坎坷掙扎的人生給驚駭，也更能體會出文字裡頭對生命蕭瑟的意蘊。裡頭並無特定誰爲主角，角色來來去去，也沒太多介紹，王婆、二里半、趙三、金枝、羅圈腿等等，初乍見到可一頭霧水不明所以，這又是怎麼回事？但當我們把主角的焦點換成主軸，我們就可以知道這些人物只不過襯托出蕭紅所想描寫的一件地方而已：生死場。

王婆要換幾個錢，是爲了繳地租，就必須把幾年前爲了耕種收購來的馬賣給屠宰場，秋末收割結束，就再也沒有用途，除了身上的毛皮，「就是一張馬皮的價值，地主又要從王婆的手裡奪去。」而對這個生命的描述，即將走入死寂，「老馬——

棕色的馬，它孤獨地站在板牆下，它借助那張訂好的毛皮在搔癢。此刻它仍是馬，過一會它也是一張皮了！」原先還想去酒店買些酒，拿到錢後要離開大門，但馬還跟著，懵懂還想回去溫暖的窩，凶神惡煞的屠宰場男人們想把馬抬回，也只能王婆走回院中讓馬兒跟，搔著頭就躺臥，王婆起身飛奔往大門，聽見門聲，沿途哭喪著溼透兩隻袖。而地主的使役等在門前，拿著錢便走，沒有任何餘溫。「王婆半日的痛苦沒有代價了！王婆一生的痛苦也都是沒有代價。」

荒木經惟拍攝的照片中有出現過墓園中少女，而這是他攝影的精髓，也是關於生死的，《生死場》中這麼描寫著，「墳場是死的城廓，沒有花香，沒有蟲鳴，即使有花，即使有蟲，那都是唱奏著別離歌，陪伴著說不盡的死者永久的寂寞。

「亂墳崗子是地主施捨給貧苦農民們死後的住宅，但活著的農民，常常被地主們驅逐，使他們提著包袱，抱著小孩，從破房子在走進更破的房子去。有時被逐著在馬棚裡借宿。孩子們哭鬧著馬棚裡的媽媽。」

花香、鳥語、蟲鳴伴襯著的不是春來盎然的百生萬象，同樣的聲響擺在這脈絡中成爲了死魂曲。同時，更爲諷刺的是，生究竟如還是不如死？死後有個住居所，死前卻連個地方躺臥都沒有，驅趕著的驅趕、比殘破更加殘破。

裡頭劇情並無一貫，而是事件交叉著事件，似乎無理序一般，突然王婆死了，小女孩要來看娘最後一面，小女孩哭得更慘了，「哥哥前天死了呀！官項捉去槍斃的。」或，成業與金枝的爭吵，爲了生活，對著吮著奶的孩子說：「哭吧！敗家鬼，我賣掉你去還債。」孩子依然哭，父親依然怒，「把你們都一齊賣掉，要你們這些炒家鬼有什麼用……」金枝回說：「你像個什麼？回來吵打，我不是你的冤家，你會賣掉，看你賣吧！」「我賣？我摔死她吧！……我賣什麼！」於是，小金枝就這樣死了。生命就是這樣，死亡就是這樣，無常；金枝爲了賺些錢，去給人縫補被子，沒想到隱在這樣細活背後多付的元角，是要賣身的，但日本兵入城大家日子難過，還能如何？

這各種人物都不是重點，是人物所在的地方才是重點，這也是書名所由在，生死場所指就是我們所處的人世，蕭紅寫出這紅塵，也難說有任何悲傷在，因爲我們存在著必然有處所待，而這人生所在正名爲生死場。日日夜夜、時時刻刻，都是生死交關，孩子的胃也好，生活的材料也好，任何時代所有的人們都在掙扎，這或也是蕭紅短促但蒼烈的人生所來的體會，才能寫出這樣的東西，且看《商市街》中郎華所說：

「你說，我們能那樣無聊的事？去他娘的吧！滾蛋吧！」他竟罵起來，跟著，他就罵起自己來：「眞是混蛋，不知恥的東西，自私的爬蟲！」

直到睡覺時，他還沒忘掉這件事，他還向我說：「你說，我們不是自私的爬蟲是什麼？只怕自己餓死，去畫廣告。畫得好一點，不怕肉麻，多招來一些看情史的，使人們羨慕富麗，使人們一步一步地爬上去……就是這樣，只怕自己餓死，毒害多少人不管，人是自私的東西，……若有人每月給二百元，不是什麼都幹了嗎？我們就是不能夠推動歷史，也不能站在相反的方面努力敗壞歷史！」

有時看著蕭紅的文字總覺得以她的眼睛看見這破敗的世界，雖然世界本就破敗，但作者的冷眼能讓讀者用更澈明的眼睛去發見這些殘酷的現實，但我們能怨尤什麼?無法。我們是被拋擲的,早被決定好了的,我們就不得不,繼續在這生死場中,掙扎。

《女性的屈辱與勳章——一個德國女性主義者的觀點》

女性主義這個路線，像所有其他的 ism（主義）一樣，將任何思想納入都會是過度簡化的，不過好處卻是能在不同的思想中找到共同的地方，只是我們自身必須要去注意到思想間各自的獨特性就是了。

性暴力一直是一個問題，書中提到一個例子是 Lorena Bobbit，在經歷長期的性暴力後閹割了先生（雖然後來兩人在司法上都是無罪的，不過先生卻是上了 talk show 賺通告費，她則進了精神病院），同樣地，台灣也有鄧如雯的案件，而當我們去理解這類型事件的成因，都是源於男性對於女性的暴力施展，亦即權力關係，「所有權力關係的基礎一直是（被訓練出來的或是被威脅行使的）暴力，那種情況在種族、階級和兩性之間並無不同。……」而「性暴力絕不是樂趣問題，而是權力的問題。性暴力是一種政治的工具，而它的受害者則是政治的受害者。」這就像王爾德說的："Everything in the world is about sex except sex. Sex is about power."（世界中的事物都是關於性的，只有性是關於權力。）

這是一個權力、支配、宰制的問題。

並且此非個別的問題，這是整個結構、體制的問題，也就是 patriarchy 的問題，而在這種社會中就會瀰漫著普遍對於女性劣視的現象——厭女，這從書中另一個例子中 Marlene Dietrich 的女兒 Maria 所出版有關於其母親的傳記中，對於未負扶養義務的父親未有批評，卻對雖有工作狂但卻也對女兒慷慨的母親指責可以得見。

而在作爲一個女性主義者的同時，作者也是德國人，所以也關照了猶太人的問題，但其主要的還是要藉此襯托出女性的主題，「回顧一九九二年的德國：大約有十二件仇恨外國人的謀殺案——大家爲之氣憤塡膺並大加撻伐；另外有幾百件仇恨女人的謀殺案（大部分被稱爲性謀殺）——但大家卻對之沉默。仇恨外國人在今日是所有人談論的主題，而仇恨女人卻不被當作一回事，直到現在它還不存在於政治的範疇內。……」而且，「做爲女人自身，即使某些女性主義者也是，雖然走向街頭反對仇恨外國人——但是卻不曾反對過仇恨婦女。被姦汙、被毀屍和被絞死的婦女屍體同樣地仍不是政治事件，而一直只是一種痛苦的難堪而已。」相較於難民、種族以及小孩等，女性的問題在交叉比較之中可以見得是「制度性」地被忽視的。而作者的各種主張總的而言，是較爲激進一些的，就像在書後面她與 Peter Singer 的對談上更是直接介入地提問何以僅關注動物卻不關注女人。而作者之所以如此，我們可以從書中提到的另一個現象來說明。

這是關於建基於攝影上的女性主義問題，「……在人類的歷史之中，圖片對人之形象的塑造無疑地是強過了語言。而我們是生活在這樣的一個時代裡，圖片的權力正在不斷地擴增之中。

「而女人爲之唱和。他們被多采多姿地固定在廣告、媒體、電影和藝術之中：扮演妓女或是聖女，扮演沒有頭腦的肉體，扮演可以被利用或是被摧毀的物體——

完全視觀察者的樂趣和心情。『強勢性別』利用對『弱勢性別』的定義權力，並加以打擊；而圖片的權力是如此地無所不在，以至於許多人還未曾注意到這樣一種定義權力。

「……以所謂的『言論的自由』或是『藝術的自由』爲名義而使一切都被容許──對女人的情況更加嚴重；因爲相較之下，凡與外國人或是猶太人有關者，至少都早已被公開反對或是成爲國家禁令的對象了。」

是的，激進的作者不僅批判了男性，也批判了女性。不只是男性的支配，支配也對應著女性的服從，君王的臣民並非被暴力所迫才屈膝，而是心悅誠服地順從，這就像波埃西的著作《自願爲奴》提到的：「其實我們根本無需去跟這個單獨的暴君搏鬥，也不用扳倒他。只要國家人民對他的奴役感到不滿，它就會擊敗自己。不需要剝奪暴君任何東西，只要停止任何對他的供給即可……是人民放任暴君橫行，甚至造成了自己被暴政壓制的結果，因爲他們只要停止服從就能脫離奴役。是人民奴役了自己，割斷了自己的喉嚨……若自由只要渴望便能得到，他所要做的就單單是渴望，這世界上難道還可以找到哪個民族，會認爲一個願望是太高的代價？……若我們對他什麼都不供給、一點也不服從，這麼一來，無需戰鬥或壓制，他將變得赤身裸體、土崩瓦解直到一無所有，就像樹根若失去養分，樹根終將乾枯殆盡。」這也就是作者所指出的問題，而她所做的也如同波埃西所倡議的，「而你們只要願意嘗試，就能拯救自己，甚至不需要實際作爲，只需要拯救自己的欲望就能達成。當你們下定決心不再服從，你們就立即自由。我並不想要你們推倒或者動搖奴役你們的人，我只要你們徹底停止對他的支持，你們就能見證到，巨大的雕像少了底盤，將崩塌傾頹。」

在多次的批判中，我們可以知道作者所要做的也就是把女性議題給「政治化」，同時也進行吶喊、呼籲，告訴我們社會體制是這個樣子壓迫的，是這個樣子支配的，我們不僅應該要注意這一點，我們也需要行動來實踐改變。固然男女在生理上有器官上的差異，但是西蒙波娃即指出性別是在社會中被建構出來的，而如同沙特所言我們的焦慮是來自於自由所帶來的責任，但是，我們身而爲人，我們必須要爲著我們的自由，勇敢地承擔自由的代價。

我們必須透過行動為世界創造意義與價值。

讀《濫情者》

——愛，還存在嗎？

濫情者說的是什麼？不如先說這本說要問的是什麼？在《純情》的末尾作者留下：「我其實問的是：愛，還存在嗎？」為什麼這樣問？內文多少有點懷舊地提到過往的愛情是可以反覆看梁祝而哭泣，可以視多年等待爲愛情，甚至苦等於窗下的紳士更是個表率，但現在的愛情卻被「關係」、「性」、「誘惑」、「勾引」、「魅力」、「保險套」、「征服」、「緋聞」所取代。

「愛情，不再是一朵在溫熱夏夜裡綻放的玫瑰，也不會是一扇晨曦中綴滿明亮露水的窗牖，所有非理性的、物質的、本能的、天眞的、愚蠢的、未經思考的、不文明的都請往後退。我要我的『愛情』，我卻不要『你』。」這個時代的愛情是割裂於主體的，那麼，愛，還存在嗎？我們有資格濫情嗎？

在《價值》中作者針砭了的問題是從來沒人告訴我如何檢驗自我的價值，但卻會唐突地在出社會時面臨：「你要薪水多少？」迫不得已地必須衡量自身，那我們又該如何、又是否可能量化自己？但量化了之後我們給了自己一個數字，又要如何讓對方接受？結果通常只是被打了一槍，「多少人就這麼驚恐地認知到：沒有誰，少了這個『我』不能活下去。」如同作者所說，我們在這個世界無論何去何從總是感受到自己的渺小，價值永遠都是相對於其他事物而存，就像幣值一般換來換過去，明明走在同一塊大陸地上，但經由人爲的一劃，這裡是德國那裡是波蘭，這裡是美國那裡是墨西哥，事物的價值一變再變地永恆流動。

或是，人的各種條件包括年齡、多少資歷是否可以定義我們的價值？歷史上，人也不過是想在各種體系之中找出自己的定位，從封建的的階級到工業革命讓人發現生命從來不平等，甚至勞工還不如資產工具，然而，共產主義卻是功敗垂成。「所有人都希望能使用對自己最有利的體系來定義價值，不幸的是，個體在價值體系面前總是顯得特別弱小，特別無力。更叫人絕望的，價值的遊戲跟玩蹺蹺板一樣，有人上，就得有人下。世界大同是個神話。」簡單來說，這個世界是零和的。

「這也是爲什麼每個人都在等待一雙愛情的眼睛。期待愛情的發生，終於讓另一個人心甘情願、無條件地盲目了眼睛，看見你的絕對價值。不再透過燒杯邊緣或書籍堆積的高度，不必透過銀行存款數字，但透過情人的眼睛，看見自己終於如此經營，如此神聖，如此不可觸摸。」愛情是客觀、絕對且唯一的。

「如此不可計量。唯有那一刻，再卑微的人類也有偉大的可能。」愛情讓人如同對著神祇的敬畏一樣崇拜。不過，《愛情》也說到這是我們所唯一知道能飛翔的方法，我們爲了短暫的喜悅準備好承接龐大的衝撞，但我們始終渴望，我們「仍然想要飛翔的渴望。日日夜夜，從不疲倦地騷擾你，燃燒你，逼你屈服。」

《名片》提到人際交往的膚淺只留存在一張紙上，這張小卡可以讓你快速地認識到對方是個偉哉名銜的人，但卻永遠不會知道他生活中的諸多細節，而這也永遠不是會知道的事情，因爲我們被劃分到他的世界中的公領域，但作者懷舊地說：

「而我是如何懷念那些日子：當工作不是唯一的成功定義，一個人無需明顯理由，就可以輕易成為別人的朋友，不需了不起的名號，也不用絞盡腦汁帶來什麼實質好處。一個人微笑，因為他喜歡見到你；他輕拍你的肩頭，是為了留下來陪伴你，而不是為了道別離去。」

《孤獨》是對於孤獨者的的側寫，「孤獨正是一種詩意的格格不入。」，那不是寂寞，寂寞是向死的，孤獨卻是對於生命的體驗，就像神祕經驗般不是所有人都能有這種經驗，但又無法對有過的人信之鑿鑿，畢竟大部分的人都不願意孤獨，甚至「大部分的人則害怕孤獨，因孤獨就是自由。會讓人飛翔的自由。但在飛起來之前，你必須放開你一向熟悉的地心引力——那個穩穩將你握在手心保護你的力量。」我們害怕孤獨是因為我們害怕自由，我們害怕離開熟悉的一切，我們捨不棄，我們太想要安全，而我們也因此永遠有著他人的陪伴，但也因此我們永遠受縛，我們永遠不孤獨，但也永遠地不自由。

這自由的問題也在《表演者》中提及，我們看到表演者的冠冕堂皇，似乎他能對萬事萬物予取予求，但作者所用的比喻正是皇帝與妃子，妃子看似擁有一切但一切卻都由一個他人所賜予，同樣地在現代社會確實沒有了天子，但其實是所有人都是天子，你以爲你對觀眾掌控著，實際上自己也是被觀眾所掌控著，就像直播主像在許願池般說要任何贈禮而能馬上得到，但也在這個贈禮之後必須要完成觀眾的要求，大家都是奴隸主，也都是奴隸。

《不倫》說到社會中的道德就像經緯，從來都不是上帝所圈劃而出，作者舉例過馬路，別人要好好過馬路，自己卻是等紅燈亮了才要往前走，而他說這就是違反倫常的，當然語用上是有些擴張的，但實際卻是現實正是如此不當地擴張，讓事物都泛道德化，「不倫，即是政治不正確。喜歡上不該喜歡的人，討厭上不該討厭的事情，說出不該說出的話語。一切，不照規矩來的事物，都是犯下不倫的罪行…」不過有趣的是正因爲是人所劃出，「這些格子線還會改變，『今日的眞知灼見到了明天就成荒謬言行』。轉變的速度有時比女人身上的時尚還快速。因爲格子線是人類自己畫的。不是上帝。若格子線是上帝畫的，他們就會是眞理。眞理是永恆不變的。人類自己畫的，只是滿足自己的想像力和需求慾望，隨著每一代人的出生，格子線交織出來的形狀圖案就會不同。」

《誠實》是曾以為最好的美德，但卻漸漸地扭曲地成為了權術的謀劃。「人們相信誠實需要極大的勇氣，因為誠實是一種不設防的姿態，是一個邀請的手勢。……因此，一個人只要誠實，就會顯得異常偉大。因為他在忍受隨時可能遭受攻擊、失去生命的危險，像一隻變色龍捨棄環境保護色，大膽暴露自己在叢林中的所在位置……」但是，誠實卻變成最好用的工具，誠實不再變成是良心所驅使，而是要驅使出別人的良心，誠實者變成了道德流氓。

「出軌的伴侶只不過忠於自己的慾望，所以不應受到苛責；殺人的兇手眞實面對自己的兇殘罪行，所以成為被同情的對象；做錯事的朋友非常眞誠悔悟自己的人性弱點，所以值得被原諒。」「慢慢地，誠實成為一種要脅方法。你開始發現有人會走到你的面前，告訴你，『我，就是這樣』，然後擺出『看你怎麼辦』的態度。」自此，誠實不再是美德，而是策略。

而《死亡》則指出現代人的惶恐來自於未有適當的告別，「與其說人們已經不懂得與死神相處，倒不如說現代人都恍如活在永恆的失憶狀態。由於欠缺一個適當的告別儀式，過去始終沒有正式的結束，現在就不能好好地開始，於是也就看不見未來。這是我們爲何活得如此惶然不安的原因。」

《禮儀》則是文明與不文明的界限，作者用舞步作爲譬喻，若每人遵循著腳步跳舞那麼就會和諧，但偏偏卻不是所有人都願意按部就班，這樣看起來似乎有些綁手綁腳，但下一秒的反思卻是，「然，當我來到一個禮儀已經被視爲累贅而被拋棄——如果不是全部、也會是部分——的社會，人人自由袒露本能，赤裸裸直述慾念，毫無掩飾，彷如一個接客已久的妓女，對自我身體最後一點的矜持都已全然放棄，所以當你無意間撞見她的裸體，你以爲你是尊重她的隱私而轉過頭，她反倒過來譏諷你未曾見過世面，不但不遮掩她的身體，還盛氣凌人地走到你的身邊，炫耀她的膽識。直率成爲無恥的藉口，積極變爲厚顏的理由。人們不再區分藝術與色情，而金錢與價值是同樣一種東西。他們只要他們自己活得好。其餘什麼無關緊要。」而這馬上能在次篇《粗魯》中見到，「粗魯不見得跟禮貌有關。而是關於生命態度。那是一種不負責任的隨便，是對智力的蔑視，是對人性的不以爲然。粗魯不是人的本性，粗魯是一個經過人腦思考的決定——是的，粗魯是一種決定。一個人主動選擇了粗魯，而不是粗魯找上了它。」但粗魯也不僅限於此，而是那種想要引人注意而不願控制自己的拙劣表現而已，所以粗魯令人厭惡，也令人鄙嫌。

現代人還不只這樣，在《超人》中以尼采式的思想批判當代人的，正是成爲不了超人的平庸，卻也無法承擔自己意志的能量，因爲社會太完善了，個體擺爛活在其中也能悠悠哉哉，「人類消滅了上帝，現在又否定了自己。他不願意像上一個世紀一樣爲生命做全盤的思考，爲自己負全部的責任。他退縮，害怕，懦弱，既不相信上帝，也不相信自己。他戴上傻乎乎的面具，假裝善良，想要握所有人的手，並不是爲了世界和平，卻是爲了躲避別人將來對他的損害。」我們太想要自由，就像趨光的蛾，但靠近這盞光我們卻燒燼了我們的自由。不過這眾多的《失敗者》或許只不過是僅有著對愛的追求，「他不準備成功。至少，不屬於一般定義的成功。他高舉他的手掌，上面少了一條所謂的事業線。他堅持，這個地球擁有許許多多不同的世界。有些世界容許失敗成爲一種人生選擇，甚至，可以是值得追求的榮耀。他不害怕活得沒沒無聞，隨時誇口自己生命的舉無輕重。他說，他只選擇愛，與被愛。……」

然而在愛的過程中我們留下了痕跡，也被留下了痕跡，那稱作《舊愛》，作者形容舊愛像在窗上的漬痕，沖洗不掉、清除不去，只能掩蓋，但永遠也避不開，只要看向世界終究是隔著這扇有著漬痕的窗，「我們都說，我們會忘記。其實，不。生命沒有那麼簡單。人不是一個未來的動物。我們是歷史的動物。我們的出生是一連串歷史的結果，我們活著爲了創造另一段歷史，我們死去是爲了成爲歷史。在愛情這件事情上，我們依然擺脫不了這種宿命。我們開始一段戀愛時，就知道它一定會結束。不管我們再怎麼用婚姻、家庭等看似更深切的感情價值去接替愛情的發生，也無法阻止愛情走入墳墓。進入歷史。而我們不會忘記。如果我們的大腦忘了那段戀情，我們的身體也會記憶。我們擅長記憶。尤其是依照我們自己喜歡的方式。」

又如本書中《敏感》、《固執》、《忠貞》、《外遇》、《良知》與其他數十篇散文，作者提出了既稀鬆平常卻又異常的深刻思考。談論人的存在問題，也不單單只是在生命的無意義中說出我們創造出意義的存在主義濫調，談論社會中人的關係時，也不只是區分出自我與社會的關聯，卻更進一步地去反省這個孤獨的性質是自由，然我們卻無法脫身於安全的社會，所以我們持續地掙扎與惶恐。

所謂濫情者，就是作者本人她愛著《嫉妒》也愛著《心碎》，她愛著世界的一切，她是一位濫情者。那她可以說，愛，還是存在的。而我們也只需要稍微濫情一些，我們也可以說出：愛，是存在的。我們有資格，只要我們想，我們都可以濫情一些。

《藍色大門》

——我是女生，我不能喜歡女生

千禧年剛過的二〇〇一年，沒有翱翔在宇宙庫柏力克式的太空漫遊，而是在藍色地球上的一個城市台北，其中三個十七歲關於她與他與她的故事。她是孟克柔，好友林月珍暗戀著張士豪，電影開始在兩個女孩體育課偷閒的閒聊，作著十年後老公是誰的夢，而林月珍的白日夢裡的老公，就是穿著花襯衫頂著刺蝟頭的男孩：張士豪。但她害羞不敢，於是只能找孟克柔陪她偷偷去游泳池看他游泳，一點也不溫柔的孟克柔叫著：

「張士豪，你有沒有女朋友？我朋友想認識你。」

身為好友也是損友的林月珍，在孟克柔去游泳池旁跟張士豪認識時，一個人逃走了。於是就變得好像跟蹤狂似的孟克柔，被訕笑根本沒有林月珍這個人，甚至被調侃是不是根本是自己想認識才捏造出林月珍這個人。但處在螢幕外的我們當然知道有林月珍這個人，還對她恨得牙癢癢的，畢竟這是種陷人於不義的背叛。但我們能說這是邪惡嗎？十七歲未成年我們都不能稱作是個「（成）人」，沒有自由意志，也就沒有判斷是非行善爲惡，如同《發條橘子》中的艾力克斯，一切的暴行不過就是青春的痕跡。

寡言的孟克柔牽著單車不語離開，張士豪這時說：「我叫張士豪，O型，游泳隊，吉他社」，在電影裡頭的這個角色，是個十分自信、外貌出眾且會音樂也會體育，不穿白色卻是花色襯衫的開朗頑皮男孩，簡單來說，就是沒有女朋友不可能的男孩。

到了學校，林月珍繼續陷害孟克柔，陷害多少是嚴重了，對於孩子的她們來說這不過是種卸責的逃避，但如何苛求他們承擔所有選擇的責任，在還沒有那種能力之時呢？林月珍寫了張情書，要孟克柔遞給張士豪。隔日，被他的朋友貼在學校地板上，教務處廣播著張士豪與孟克柔，引起全校的觀看，實際是那張情書卻是林月珍簽上孟克柔的名字。

對林月珍氣憤的孟克柔，卻反而遭到林月珍的冷落，但卻也將錯就錯地跟張士豪去海邊聽了樂團，雖然原本對這屌兒啷噹的男孩感到反感，但看到把喝完的寶特瓶丟給撿垃圾的老太太卻起了好感，她問：「你想不想吻我？」反而原先一副情場浪子樣的張士豪不知所措，自己害羞起來反問：「女生不是比較害羞嗎？」卻只敢牽了一下手就放開。

畫面中的青澀模樣是張士豪對於自身的情慾仍然懵懂不知如何掌握，但隨著劇情我們也知道孟克柔也是一樣的。那個晚上她遇上體育老師也問：「那老師想不想吻我？」對於我們來說當然感到驚駭，畢竟這觸及的是師生戀的禁忌問題，但是對於孟克柔來說，也是在探索自己的情慾到底指向何方。因爲實際上她喜歡的是林月珍，然她卻明明確確地知道她不能喜歡她。她只能喜歡「他」，任何一個「他」。

同性戀的問題對於那時的他／她們、那時的大多數人，都是種「異常」，畢竟一夫一妻制是個既成事實，如同社會中的鐵律。在那個時代，這只是背德，但在更早前的時代，甚至是違法（即便在今日某些地區仍然在法律上或倫理上否定著同性情慾），無論如何，這是個被各種價值體系給否定的情慾指向。在還是孩子的時期，是不被社會給肯定的，所以必須要有「監護人」，所以沒有「公民權」，再加上另一個「同性戀」的身分，更是再一重的否定。這樣的否定作為主流價值，也當然不被張士豪所理解：何以受歡迎且條件好的自己，卻有追不到的女生？

他不知道。她也不知道。她嘗試去吻他，以為接吻了就不會是同性戀了。但或許不用把問題拉到「同性戀」這個高度，只單純以情慾這種人的本能來審視我們也能知道，若我們不喜歡另一個個體，即便親吻了也不會有所感，異性未必相吸，畢竟我們身而為人是主體，而不是如同磁鐵一般的自然物質，我們的存在是有著比物質更多的一些東西。意志不只是腦神經的電流，情慾也不只是化學的反應。

她知道不能喜歡她，於是遵循著社會常規，把有情人送作堆，但同樣的，他（張士豪）對她（林月珍）沒辦法有感覺，就如同她（孟克柔）對他（張士豪）沒辦法有感覺一般。她的困境不只是十七歲男女的困境，是無法看見自己的困境，因爲自身的存在是被社會給否認的。所以在電影最後的對話中才會是：

「（張士豪）喂，其實，那天在電話裡，我想說的是，如果有一天，或許一年後，或許三年，如果你開始喜歡男生，你一定要第一個告訴我哦。」

「（孟克柔）小士，看著你的花襯衫飄遠，我在想，一年後、三年後、五年後，我們會變成什麼樣子呢？由於你善良、開朗又自在，你應該會更帥吧？於是，我似乎看到多年以後，你站在一扇藍色的大門前，下午三點的陽光，你仍有幾顆青春痘，你笑著，我跑向你，問你好不好，你點點頭。三年、五年以後，甚至更久更久以後，我們會變成什麼樣的大人呢？是體育老師？還是我媽？雖然我閉著眼睛，也看不見自己，但是我卻可以看見你。」

在牆上寫下無數個「我是女生我愛男生」的孟克柔，如同是把社會中的「他人」對自己的訓誡反覆地教育著自身；相對的，張士豪在牆上所寫下的卻是「張士豪到此一遊」，作爲自己存在的證明。但是同志的存在卻是隱形的，是被視而不見、不承認、否定的。時過境遷的今天，同性婚姻已合憲、合法，然而這些過往的故事卻不是不再重要，而是一再地提醒我們我們所擁有的，例如多元與包容以及對於同性間的戀愛與婚姻在法律與道德上的肯定，是由無數個如同孟克柔一般的個體，在青春、成年間掙扎、呼喊，才能讓不只是屬於多數群體的人，卻也包括著少數群體的人，也能站在藍色的大門前。被看見。

在《盲山》，女人不是人，是動產

二〇二二年初的「徐州八孩」事件，驚駭了所有人，在進入現代文明那麼長一段時間後，仍有這種人口販運如同奴隸一般的事件發生在「新中國」，尤其還是「性奴隸」，更令人難以想像。但再如何地難以想像也無需想像，因爲這是眞眞實實發生的事件，且事件的樣貌十分近似於二〇〇七年的電影《盲山》，唯一的差別是在其中的女人結局而已。

主角白雪梅是個大學生，因求職不著且積欠債務因而被中草藥公司給延攬，以爲要到深山田裡賣藥，沒想到當地的村民製藥迷昏了她，反而她才是被賣的那個。她値七千元，就値七千元。醒來身分證與錢包早已消失，她莫名地成爲了黃家的媳婦，而她的夫婿其貌不揚，起初還反抗著的她，先被勸說，但當胡蘿蔔無效時棒子就被祭出，全家人勞師動眾把她按在床上，讓夫婿黃德貴圓了新婚洞房。

她是所有人之中學識最高的，即便黃德貴的表弟是位教師，但也只有高中學歷，然而在「女子無才便是德」的傳統價值之下，反面解釋即「女子有才便是不德」，越是聰慧越是不對，要看書？不如去餵豬。所謂的德，在華人文化裡頭其實正是「法（law）」，章典並不眞的算是，檯面檯下有差別，眞正約束人民的是「禮教」。而這禮教也從村裡的教學是在讀「子曰」，去形塑孔子的偶像形象課文朗誦中得見。

她沒有錢，沒有身分，離不開。逢人就呼救，但村委也好、警察也好、郵務也好，沒一個不貪。雖說這個共產主義國家以打造一個無產階級專政的烏托邦爲願景，但檯下反而卻是最重「財貨資本」的一種體系。沒養豬？要交稅。想看病？救人不要緊，先交錢。甚至是結婚都是用「買」來的。

好說歹說並非軟化了白雪梅，她剪了短髮、穿上受贈的紅衣，但在整個故事中她從沒放棄離開。她知道有人脫逃失敗被打瘸了腿，她一樣跑；她知道有些人與她一般地被拐賣至此，她一樣不從；她賣身獲取微薄的人民幣籌措旅費最終依然被送回，她仍然嘗試；她寫的信被貪汙的郵務（收取黃德貴的物資餽贈）交付給黃德貴，她依然持續地寫（直到片尾才知悉寫得信從未寄出）。最後她能得救卻正好是她的知識讓她在村裡教學孩子時，其中的孩子李青山通風報信郵務的事情並代她寄出信封，才有父親與公安來村裡相救。

她也試過自殺，但家裡、村裡容不得她死，她可是花了鉅款買來的貴重商品。現代的法律分別權利主體與權利客體，權利客體再分別不動產與動產，動產在定義上是用反面的方式爲之，「稱動產者，爲前條所稱不動產以外之物。」（我國民法第六十七條）但在前法律國家中就要重新詮釋動產的意義：所謂動產，是指會動的財產。（性）奴隸實在地是動產，且因這財產會動，時時刻刻都要給盯著，故事中的黃母無論在吃飯、便溺、洗衣時，總是「關心」著白雪梅是否還在現場，若是不在就馬上通報全村抓人。她是太貴重的動產，她可是傳宗接代的容器，或說只是要她的「洞產」。

故事之中也並非沒有良心人，黃德貴的表弟黃德城這位學校教師就試圖解救白雪梅，雖然他嘴上這麼說。但與白雪梅發生了姦情被發現後，並沒有任何法庭來審判這樁「錯行」，卻是在一家門內以：公了訴諸村委，私了則將前先黃德貴的借款當作賠款消災。他就這樣離開山莊，白雪梅依然無援。華人姓名總愛取上欲其擁有的品格，「德」字在其中蔚爲常見。而這些人也確實十分有「德」，並非具有道德性的意思，如同前述地所謂「德」是種禮教規約，這些「有德之人」實際是指遵循社會律法之人，而社會律法就是將女人當作純粹的體腔——而非人體，只是培育下一代子嗣的必要投資。

尤其，這並不只是偶見的想法，全村都是這樣，我們看起來像是暴民的人其實不過是維護群體價值之眾而已。當信終於送達於白雪梅的父親，父親跟著兩位公安一同到往村裡，公務車卻被村民給包圍、村委更還擺了臉色數落公安沒先打招呼就抓人（救人）。現代國家的末梢神經（指公安，雖然中國是否稱得上現代國家有疑問，但至少以表面上是這麼說）在傳統部落的群體之間是無法以權威支配的，人多勢眾不是一兩支手槍能抵禦，三十六計中總還是以走為上上之策。公安於是這麼安撫著白雪梅父女，要他們待在村裡三天妥協，將再回來救人。父親磕頭說再也無法籌錢救女兒了，求情著。於是我們又發現，找國家求援還是要錢的，何其荒謬。

公安動之以情對村民說若你的女兒被拐賣怎麼想？在故事發展至此的前一段是個女孩被淹死在池塘中，答案不言而喻。這個問題的答案對於村民而言如此顯見，他們不要女兒，只要男兒，女兒不會被拐賣，因為早被淹死在池塘裡。傳統價值所具有的觀念更是在路人即便想要協助但只要村里追索的人喊句「這女的犯神經」、「她是我老婆，跑了」，在這種法（law）不入家門的思想中，更不是路人敢置喙的事情。

片尾，黃德貴再次對白雪梅又踢又打時，白雪梅的父親出面阻擋，黃德貴轉而打向白雪梅的父親時，白雪梅拿起菜刀砍下，畫面結束於此。這震撼程度不亞於《末路狂花》的結局，這揭示了女性作為人、作為主體的反抗。這村裡不僅是共犯結構，卻是結構本身就是共犯，全家、全村都協同強姦，父母壓住女人的手腳讓兒子把陰莖放入陰道噴灑精液，讓女人懷胎再對後代的胎兒給予萬千寵愛。

所有人都知道殺人是錯的，但到底爲什麼會發生殺人的事情？鄧如雯經歷了長年的受暴而殺夫，而白雪梅也在故事中砍下了那一刀。但在現實上有多少女人是無法反抗卻是經歷無止無盡的痛苦而無人可助？有多少這樣的事情發生才偶然地被發掘，進而拍攝成爲電影揭諸於世，尤其是在這不開放的新中國？

電影中有段黃德貴的台詞是買媳婦哪裡不花錢，鞭辟入裡。故事不過是明目張膽且眾人不以爲恥地從事買賣人口，更且還會以：他買有錯，那我買也有錯，爲何不抓我？來辯解。這種將女性當商品給買賣的文化與現代婚禮中的聘金若合符節，惟僅包裝稍微美麗一些。只不過在我國社會中較詭異的是在西方婚禮的形式中又摻雜了中式的喝茶、收聘而已，然卻太習以爲常以至沒人感到「反常」。同樣地，我們又能期待村裡的人在村裡的主流價值中感到「反常」嗎？

電影上映十五年後的「徐州八孩」事件讓這部片就如同紀錄片一般揭露人口拐

賣的可怕。但華人社會中將女性作爲次級、商品的視角，是否有隨著時代的前進而跟著改變呢？《盲山》究竟有多幽深，有多少人又始終走不出？

《燃燒女子的畫像》——當電影不再是電影，卻是宣傳小冊

LGBTQ得以作爲一種題材被表現，然而，在電影的媒介上則必須面對如何讓幕後隱身的課題。在《燃》中明顯是失敗的範例，這點尤其出現在故事中的千金與畫家互相訴說對於對方一舉一動的觀察時，這些內容並非透過畫面展演給觀眾，卻是經由編劇將此以對白的形式由演員道出，這不啻是幕後的顯形，也將會是觀眾脫戲的契機。

故事是由千金艾洛伊茲與畫家瑪莉安以及僕人蘇菲爲主軸，描寫千金之母爲婚配委由畫家描摹肖像以使夫家得以聯姻。艾洛伊茲背上了姐姐的負擔，前先是其胞姐面臨這等命運，卻在蘇菲之旁散步於懸崖時跳崖而亡。拒絕這個命運的艾洛伊

茲，則使上一個畫家知難而退，始終不顯露肖像，直到瑪莉安登場，直到電影開首十分鐘後才展覽容顏。

至於為什麼是瑪莉安，並沒有一個解答。就像電影並沒有解答在一個婚姻作為女性桎梏的年代，為何直到片尾的十分鐘才有當時的強勢性別男性角色出現。

然而電影中也有值得稱頌之處，例如鋼琴曲在前先由瑪莉安演奏時說明音境對應到結尾艾洛伊茲在婚後於米蘭聽曲時的心境；以及奧菲斯的神話中在不同人的詮釋下，包括是否為刻意使尤麗蒂絲墮入冥府，或是尤麗蒂絲曾說過：「轉身」而自願被回歸冥府，經由艾洛伊茲在與瑪莉安的最後一會中揭露了這段神話在電影中的寓意。（以及在婚後艾洛伊茲的肖像中畫有手持奧菲斯神話的書冊與頁數更是明揭此意。）

不過，電影的體感時間十分長，緣為欲呈現出深長的「凝視（gaze）」，凝視在《丹麥女孩》中被明晃晃地以鏡頭作為觀看女性的權力視角，而對於這點的表現明顯到令人反感，亦即這種反省是具有灌輸性、宣傳性的。在《燃》中的凝視，因爲沒有男性角色，且著重在女性之間的情慾互動，因此是主體易位由女性賦權自身的凝視。並非由鏡頭作爲強勢支配觀點來呈現，卻是大幅拍攝瑪莉安與艾洛伊茲對於彼此的觀看來表現。但這裡的凝視所引起體感時間冗長的感覺，卻對應不及電影中的實際時間，除了在瑪麗安到訪一週業經艾洛伊茲母親傳達千金對其之喜愛，更是在母親離家五日交由瑪麗安繪製艾洛伊茲的期間，兩人所經歷的——尤其互相傾訴對對方的印象與情感的澎湃——更不像是僅僅五日所能體會，這種落差感必然是種缺陷。

前述提及仍有一僕人蘇菲，蘇菲常伴於二人之伴，然而除了僕人與主人間的階級關係幾乎不存在，卻像友人一般地互動，更甚至爲了呈現女性的墮胎，還由主人千金艾洛伊茲與畫家瑪莉安協助蘇菲。階級關係與強勢性別在那個時代是確實存在的，固然電影的虛構可以經由特定題材的呈現表彰特定價值，但當價值的表現凌駕於眞實時——抹除權力關係的痕跡，這就是反眞實的價值實踐，就必須是要審愼看待的現象。更不用說，故事中還由艾洛伊茲如同產婆一般蹲臥在僕人蘇菲的胯下，由畫家（相較於千金亦應具有從屬性的僕人地位）繪製圖畫。《眞寵》在處理女性情愛的細節顯然是更爲細膩，在情節中拖帶出角色間的情感互動，相較於明擺著要宣揚特定價值式的作品，更具有藝術性。情慾的互動是隱晦的，正是在這種不透明中才能燃起渴望，因此當展演情慾互動的電影是如此張狂時，就澆熄了這股性的張力。

許多電影在其時代都會有其價值，但這價值必須區分是在什麼範疇上，例如《流麻溝十五號》在當代台灣的環境中，有著性別與政治歷史的價值，台灣的政治歷史價值也能在《返校》這般對於過往歷史的反省得見。但其等的電影價值可說是十分低落，反觀同樣具有台灣政治歷史價值的《超級大國民》以及《天馬茶房》在更早之前即已實踐，更且也沒有略去電影所必須考量的元素。我們必須明白的是，電影作爲一種文本（text）是可以被理解與認知的對象，而當這文本成爲宣傳小冊（pamphlet）時，我們則必須警惕於這種道德宣傳。這並不是指稱道德宣傳的內容是種錯誤，而是指出這時電影已不是電影，不是能被解讀的文件，而是具有特定訊號被傳遞的中介而已了。

對於性別間的權力問題反思是當代的顯學，《燃》也是其中的一支表現，然而在電影的層面上除了前述提及的優點之外，其餘者皆難以稱許，更別說幕後站到幕前，編劇的形象太過鮮明，勝過由角色間的互動來推動劇情，內容的交代並非由畫面來呈顯，卻是由角色以對話說出從未被觀眾觀看到的內容。這些都讓電影本身成爲破壞其自身的作者，再再提醒觀眾這是一個被編寫、設計的故事，阻隔觀眾投射自身的心理。

艾洛伊茲喚聲：「轉過身」而墮入了婚配的冥府地獄，而她留下的身影是一幅衣服著火的形象在瑪麗安的心中而由其繪出作爲回憶。但就連這把火的意象都太過明顯於指涉處在地獄業火的女人，於是當訊息的解讀過於直白而無其他詮釋可能時（唯一解），那麼這個文本就會是閉鎖的，也就不再是文本了。固然對於性別能反省的地方多有，但在反省的同時，仍然必須要將電影當作電影對待，否則當電影成爲傳聲筒時，與納粹時的宣傳（propaganda）也就不會有太多區別了。

PART 2

生活中無所不在的性別

房裡的大象

“Elephant in the room” 指的是明顯的事實卻被視而不見，畢竟房裡再大也就那麼大，即便裝得進一隻大象，也早就塞得滿滿，只有說出瞎話才能說：「沒看到啊？」香港在燃燒，可以說那只是嘉年華；致死的肺炎，可以說那是小感冒；脫口秀表演者嘲弄弱勢性別，可以說那是幽默；具有性少數身分的表演者因行爲乖張，可以說是被性傾向歧視；政治正確的電影沒有內涵，可以說那是性別霸凌，對全女性演出的電影予以貶低性地觀賞。我們可以把房間理解爲社會中的各個場域，而只要是單人以上就已經形成了一個社會場，而在這無數的房間之中又藏了無數隻大象。先前北一女的校慶有學生以「擺攤陪聊天」爲活動項目，收費是每十分鐘四十五元的價位爲據，相當於每小時的鐘點費是二百七十元。在這個已成爲既成事實的社會現象中是否也「藏」有一隻被裝作看不見的大象？

有評論認爲這是一種情緒勞動，收費陪聊天有如心理諮商師也沒有爭議，即便非此，但像在美髮、美甲或算命甚至是保險業務的情況時工作者也會併同聊天，並以「收費陪聊」真的少見嗎？在經驗中不過是同時具有其他類型的服務與產品，套用父權結構批判只不過是套套邏輯（tautology）、紮草人，甚至稱期望去算塔羅時可以與算命師聊生活煩惱是不是也相同呢？有評論則認爲市場的供需中，律師與心理諮商可以在談話中收費是因爲專業，若是六、七十歲的歐巴桑依照同樣價格會有生意嗎？顧客清一色都男性即是以「JK（按：女高中生意思）」或是「北一女」的概念作爲販賣商品，賺取的是「父權紅利」，因此這是「父權經濟」，而這個經濟結構存在是因爲「愛慾」，是人類基本需求，而女性天生可供給，因此市場必然存在。從直播、八大、外送或是雲端A片，這些都是檯面上禁止檯面下暢流的活動，因此底線只能設在禁止十八歲以下從事，若北一女可以此爲攤，明日全台JK是否也可直播？故而重點在別假裝不存在，而是讓年輕女性對父權結構有所認知；有評論認爲老年後不當律師，到廟裡以同樣價格「應該」也會有人來，既然宗教大師都能了，爲何只有專業才能收費？靠聊天賺錢根本沒有任何法律與道德問題，要聊天也要有能力，連結到援交與A片就是滑坡，讓孩子學會靠說話賺錢也很正面，與父權何關？接著引用魯迅，大略就是心中有屎看什麼都是屎，畢竟六、七十歲老人也可以靠說話賺錢，至少他會想聽六、七十歲老人說話；有評論認爲因爲有「JK」、「金錢交易」的關鍵字，爲何被檢討的不是消費的成年男性，而是擺攤的JK？兼職家教的收費更是鐘點費五百元起跳。

來玩個小遊戲吧，下一段落裡頭有幾隻大象呢？

心理諮商與律師法律諮詢的收費基礎爲何？與JK陪聊相同嗎？其他消費型態中工作者同時與消費者談話，與以「談話」爲商品相同嗎？題外話是套套邏輯，所指的是沒有前設的論證，以自身證成自身，又，紮草人就像扣他人帽子一般，但批判的立場都是扣他人一頂帽子嗎？「父權紅利」這個語詞也被經常性地誤用，這裡確實與這個概念相涉嗎？而愛慾是人類基本需求，進而女性天然可供給就必然存在市場？既然禁無可禁，那麼就只好禁止未成年者從事？擺攤陪聊與直播是相同的活動嗎？名律師老年若不從事業務，到廟裡以同樣價格是否也會有人來？宗教大師也靠談話收錢，何以只有專業能收費？靠聊天賺錢沒有法律與道德問題嗎？有能力聊天收費就應該可以靠聊天收費嗎？連結到援交與A片是滑坡嗎？讓孩子學說話賺錢就是好事，與父權無關嗎？作者會想消費聽老人說話聽故事，就代表消費與JK聊天沒問題嗎？而如果檢討JK沒檢討消費的成年男性，就代表擺攤陪聊沒問題嗎？

我沒去數，但這些是我看到的大象，而最大的是「女高中生以自身談話時間作爲收費基礎」這隻大象。北一女校長解釋，這次擺攤是以高一學妹爲客群，爲了課綱、學習歷程、社團幹部等事項進行諮詢，固然如此，我們也可以再進一步善意假設北一女學生確實是以此爲出發點擺設攤位。但目的與功能終究不同，舉例來說，有位自稱爲性解放女性主義者成日上傳自身裸露照片號稱要打破父權的桎梏，事實上，許多男性都看著這些照片時不時地當作自慰素材，這裡就是個很顯然目的與功能有顯著落差的例子。換句話說，即便擺攤聊天有如此良善的出發點，也沒辦法保證造成的後果會是原先所期許，甚至會剛好適得其反，如同方才所舉之例一般。

而律師、心理諮商師爲何可以談話收費？因爲談話的內容是以「法律」、「心理學」作爲收費基礎，試想今天若司法黃牛（沒律師牌但掛法律諮詢）收費每小時多少元，這是錯的嗎？如果是錯的，那就代表我們承認了「法律」是可以作爲收費基礎的事物。其他消費型態（美髮美甲）工作者同時與消費者聊天根本與以「聊天」作爲消費項目無關，這就無需浪費時間批判了，畢竟連核心都沒勾上也只會是白搭。關於談話收費，我們更可以去看確實宗教大師也是靠談話收費嗎？不僅宗教的收費方式是間接的，例如來到場聆聽佛法，離場時隨喜上百上千，卻不是入場要先添個香油錢才能跟大師攀上兩句話，若眞要比喻，用跟廟公買符水、壓驚還比較接近一些。退一步說，即便宗教大師眞的靠談話收錢，那這是我們可以允許的嗎？

「可以做」等於「應該做」嗎？can 與 ought to 相同嗎？

能做某件事，不代表應該去做某件事，這個觀念可以概略劃分成「事實」與「規範」兩個層面，即「實然不等同於應然」。若說實然是如此，例如過往性別不平等的現實，像是女性沒有公民權（投票權）就代表女性應該沒有公民權嗎？相反的，價值上的應然如平等原則的規範，如同光一般照射出現實上應該要走的道路，我們才走向今天的文明，因而只以「可以」就是「對」，就更忽略了這隻大象。更不用說宗教大師斂財早就是個長年的問題，但即便是種迷信而讓信眾散財，基於宗教自由的保障，除非侵害到生命或身體安全，我們也無從去干預他人的「自由」。然而宗教大師即便以此爲收費基礎，也是在信仰的層面上，然此與JK擺攤陪聊是否相同？法律上要進行類比，至少要有抽象上的相同點可供比附，惟無關宏旨的比喻卻僅以聳動名詞框攝，毋寧更像沒有專業倫理的新聞台。

父權紅利的概念被誤用已經年累月，一般認知是受迫者得到的額外好處（bonus），例如約會中女性被請客或是不用當兵等等，但其原意卻是指男性在父權社會中所獲得的有關榮譽、名望、指揮的權利或是物質利益等等利益（參考R. W. Connell，*Masculinities*，p.82，Polity Press，2005，2nd edition）。姑且不論正確用法爲何我們也可知悉評論所想表達的，也就是指涉這裡的JK利用其女性地位作爲獲得利益的基礎。而我們能否認這點嗎？曾有批論認爲既然批判性交易是把人作爲主體給物化爲客體，難道科學園區工程師不也被當作客體使用而也被物化了嗎？我們這時應該回過頭來再想一次，我們是以什麼「事物」作爲收費基礎？律師、心理諮商師、工程師、僱員、性工作者，是以什麼作爲收費基礎？法律專業、心理學專業、工程技術、電機知識、勞動體力、性。當我們把性與人格最內裡的部分相聯繫，我們能否認性消費活動同時也是物化的過程嗎？

稍微緩些，這裡並非要把JK擺攤陪聊掛鉤上性交易，這才是眞正的滑坡，然而前述評論中的滑坡才是「對滑坡的滑坡」。當我們把事物進行比較，抽取其共通點作爲比較、討論的標的時，這會是滑坡嗎？倒不如說這是一種「抽象（abstraction）」的過程。也就是說前述的評論面對反論時，把反論的評論進行抽象式論述所提出的理據，扣上個帽子，這不正是個扎扎實實地「紮草人」乎？這裡又顯現了另一個問題，只要站在政治正確的一方，基本上強風就會吹拂，逆風的聲音也就傳達不過來了，畢竟風向已經強到連神木都會被揠下。更不用說具有律師身分的意見領袖，老年到廟裡收費談話當然會有人前去，畢竟往年可是一小時五千，現在一小時且一折不到簡直打到骨折，誰不趨之若鶩？尤其以該觀點要正向一些讓孩子學說話賺錢不也是好事一樁、賺錢才是重點等等，中華實用主義仍然是我們社會的至高價值，然而正是如此，我們這個社會才那麼貶視無法獲得高昂金錢的知識場域，畢竟當你想念哲學就會問：「念這個有用嗎？能賺多少錢？」更不用說又是一次錯把花錢聽老人說故事比擬JK擺攤聊天，畢竟主體的身分差異那麼大，但只要我們想，都能把那些明顯的瑕疵當作看不見的大象。尤其，如果說老年人擺攤聊天會有人願意花錢去聽故事（除了具有高社會地位律師身份的意見領袖會去之外），那其實社會失業的問題、獨居老人的問題，應該都不會存在的。但既然社會上有這些現實，那這到底是不是人間煙火沒被吃掉的關係？

擺攤陪聊與直播也是不相同的活動，若眞要比較，如電影《青少年哪吒》情節中的「男來店、女來電」，或是「0204」還比較接近一些。因直播並非以聊天作爲收費基礎，卻是一個把明星變成「可觸及的」的活動，例如各種表演（打電玩、唱歌、吃飯甚至跳舞），當然在過程中有搔首弄姿、賣萌都是把表演推向色情的邊緣，因此也才很難區分於色情直播，然而在性質上與JK攞攤收費聊天仍有相當距離，言之過及也就沒有討論的必要性。

最重要的一點還是市場如果有此供需，就應認可或是默許嗎？除了前述「實然不等同應然」的問題外，「市場不是價值中立的」這個桑德爾（Michael J. Sandel）在《錢買不到的東西》著作中所提出的命題意義是：「市場」被認爲是中性的，但市場卻有「腐化」的效果，也就是當市場進駐人類生活的各個場域，並篡奪了原先位於該場域中的道德標準，並驅逐原先的價值——即「定價」時，事物的性質因此被貶低——該道德標準是該事物作爲自身的本質上理由（可參考筆者所撰「《錢買不到的東西》——市場不是價值中立的」一文）。

於是我們可以問，如果這個社會上已經沒有錢買不到的東西了，這還是我們想要生活在其中的社會嗎？爲了避免這樣的情形，是否我們應該不再裝盲，認眞檢視這樣的消費活動確實是以「女性」、「高中生」「不具專業性」的「談話」作爲收費基礎？（回顧：目的與功能的落差。）畢竟，若今日是建中生擺這攤位，我想大概不會有消費潮（更不用說是成年女性的消費潮）。此外，在這裡我們也無法拿出「不法之平等」來抵禦，也就是「只檢討JK，不檢討消費的男性嗎？」這樣的批評，畢竟不是兩個都有錯就代表錯不是錯了。因爲問題並不是社會中的個體，個體的總和並不等於集體，我們更應該看見的是超越個體之外的結構性制度問題。

性侵犯豆導也可以是身心靈療癒模範

身心靈療癒雜誌《河流》封面人物選用鈕承澤，前日受到網友譴責，而後鈕承澤案件經最高法院駁回上訴定讞即將入監服刑，臺灣臺北地方法院一〇八年度侵訴字第八號判決犯罪事實記載：

……鈕承澤見屋內僅餘甲一人，而甲〇始終坐於相距約一米半之地板椅墊上與其閒聊，於同日凌晨〇時三十分許，先要求甲坐至其所在之沙發上，再主動湊身至甲身旁，以手撫摸甲頭髮與背部，甲見狀驚懼不知所措，鈕承澤竟基於強制性交之犯意，將甲推倒在沙發上，同時強行親吻甲嘴巴，不顧甲閃躲反抗，以身體壓制甲後，強行褪去甲襯衫及內衣，親吻甲胸部、乳頭，過程中甲雖一再以言語表示拒絕並以手推阻，惟鈕承澤仍強行扯下甲之長褲及內褲，並脫去自身衣著後，繼續親吻甲，以手撫摸甲下體，先以手指插入甲陰道內，繼以生殖器磨蹭甲下體，企圖以其生殖器插入甲陰道，惟因無法勃起，改命甲爲其口交，然因甲緊閉嘴巴且側頭閃避，堅決不從，鈕承澤遂再以手指插入甲陰道，以此強暴之方式對甲○爲強制性交一次。

後經臺灣高等法院一○九年度侵上訴字第一五六號於一○九年十二月二日刑事判決駁回上訴，於一一○年九月二十九日再經最高法院駁回上訴。

然後，這份雜誌的人員拍攝了影片，要說明這個封面故事，裡頭不斷提到幾個重點：都沒有看新聞、不要先入爲主、要用愛的視角、第一手接觸，綜此種種，認爲以性侵犯作封面人物是沒有問題的，因爲他們看到的鈕承澤是陽光的，並且在每日面對輿論壓力下徘徊於生與死之間，對於生命有更深的體悟。

影片內容中的金句更有：「我們能不能用一個美好的眼光來看這個世界，因爲那個跟別人眞的沒有太大的關係，你能不能看出這個世界上的美好，你自己就能夠自由，那當然這個你，你願意不斷地去看世界上的醜惡，那也是你的自由，但是你就活在一個醜惡的世界裡。」（發行人）、「但是因爲我是沒有看電視跟看新聞，就是我的世界裡面基本上沒有八卦，就是我處在一個沒有八卦的世界，對那去採訪的時候等於是我第一次，然後我直接去認識這個人，所以我沒有先入爲主的觀念，然後只知道說他是一個導演。」（副總編輯）、「後來我們 Google 了發現我們還是不要看好了，因爲我們會迷失，我們會迷失我們自己。」（發行人）

從這裡我們可以發現一件事，所謂正能量這件事不過就是「視而不見」，一切都要用「愛」的視角來看，所以對於那些醜陋的事情就不要去看，即便那是「眞實」。當然，我們不能說裁判等同眞實，司法有其極限，有罪不等於眞的發生了那件事，而是證明達到能爲宣判被告應擔負罪責的程度；反過來說，無罪不等於眞的沒有發生那件事，只是證明達不到那個程度而已。至少，在訴訟過程的努力中，相較於沒有任何努力的「臆測」而言，已經更趨向於客觀眞實了。

而裁判書已經公開在司法院的網路上，但是對於該雜誌的人員而言，他們選擇不去看到這些資料，他們認爲從 Google 搜尋到的資料就是全部，所以才只看到新聞，進而再稱自己沒有看新聞的習慣，甚至在遇到鈕承澤這個人時更是刻意不看新聞以免受到扭曲，但是資料來源並不是只有新聞，甚至不是只有 Google，更多時候只要我們眞的「求知」，我們就不會囿限自己在 Google。

當然，雜誌人員並沒有囿限自己，他們認爲親身、第一手地去認識那個人會是更爲眞誠的，所以他們看到了那樣的他，勇敢的他、導演的他。但是，一個性侵犯可能是個好老師、好父親甚至好兄長，在不同的社會脈絡中我們所身處的不同角色讓我們在不同的人面前有不同的樣貌，但是，雜誌人員只選擇看到他們想看到的那個樣貌。畢竟，身處爭議的鈕承澤在訴訟中他的說詞只是一方，訴訟有兩造並由法官作出審判，而公訴人檢察官與告訴人這方的說詞則是雜誌人員所不去看到的，甚至法官所作出的裁判也是他們所不去看到的，甚至整個案件是他們所不去看到的，尤其，是刻意不去看到的。

對於鈕承澤性侵案件的被害人來說，她或許原本看到的也是一個勇敢的他、導演的他，但她卻被強迫看到「性侵犯的他」，並且在將來必須要看到「被性侵的自己」，這些都是「美好世界」中看不到的東西。對於正能量這類心靈毒雞湯而言，必然是「反眞實」的，基於特定觀點（正能量觀點）對於世界的理解，與眞實必然具有一定的距離。於是乎，問題就回到我們身上。紅藥丸？還是藍藥丸？

只要我想要有什麼不可以嗎？墮胎、自主權與權利主體

二〇二二年美國聯邦最高法院推翻 Roe v. Wade, 410 U.S. 113（1973）即羅訴韋德案，於此暫不討論美國的州與聯邦間的權力分劃問題，因爲這部分所涉及的是美國立憲爲了確保每個州的自主性——亦即州具有主權國家（State）的性格對聯邦的干預所設下的憲法上限制。讓各州經由民主程序立法決定墮胎是否合法，這是政治權力分立的問題，但在本文中想討論的是墮胎所涉及的生命權與身體自主權的拮抗問題。

在主張女性身體自主權的墮胎社會運中參與者的採訪中，問及幾個月是合理的墮胎期間，五個月？八個月？出生？得到的回應是"It's a woman's Right."

我國依照優生保健法第九條第一項規有爲：「懷孕婦女經診斷或證明有下列情事之一，得依其自願，施行人工流產：一、本人或其配偶患有礙優生之遺傳性、傳染性疾病或精神疾病者。二、本人或其配偶之四親等以內之血親患有礙優生之遺傳性疾病者。三、有醫學上理由，足以認定懷孕或分娩有招致生命危險或危害身體或精神健康者。四、有醫學上理由，足以認定胎兒有畸型發育之虞者。五、因被強制性交、誘姦或與依法不得結婚者相姦而受孕者。六、因懷孕或生產，將影響其心理健康或家庭生活者。」簡單來說，女性在胎兒有疾病或是非自願懷孕的情形（例如強制性交）中，墮胎將會是合法的，並且依照同法施行細則第十五條，我國原則上是以二十四週爲界定時點。

這個時點的劃定是在醫學的基礎上所完成，就例如也曾有討論人的死亡時點究竟是心死或者是腦死，同樣地，生命的起點則是這個問題的另一端。這問題所討論的是胎兒什麼時候具有「生命權」？也就是說，不只是有生命的個體，而是具有權利的主體。也因此，若是剝奪主體的（生命）權利，正是任何法律都將會禁止的「殺人」刑事犯罪行爲。

然而女性身體自主權則是將胎兒作爲女性身體器官來對待，所謂身體自主權所談論的是一個主體對於自身的身體有決定的自由，以此來對抗國家的干預，而將身體的器官予以處分就如同拔掉一根頭髮一樣。但是，胎兒是否如同一根頭髮一般？這裡說的並不是棉花跟鐵塊哪個重的問題，而是這些都是女性身體所生成的部分，然而胎兒的特殊處就在於此：生命潛能。

當種子在植物上時，種子只是植物的一部分。但當種子落下，進入了土壤，就不只是種子，而是具有生命潛能的前（pre）植物。在卵子只是卵子時，月經每月的排出使得卵子如同一併而出的血液一般只是女性身體的一部分，但當卵子受精後，就是具有生命潛能的前（pre）主體。在這個時刻確實是如此，只不過在憲法秩序中沒有任何權利是絕對的，也因此在身體自主權與生命權的拉扯中，依照各國與時期的不同，劃分出「合法」墮胎的時間點，例如我國現行的二十四週。身體自主權不只是面對於國家權力干預的問題而已，同時也是面臨到與另一個（前）主體的基本權衝突的問題。

而在墮胎的議題上另一個議題在於婚姻的關係中，女性的墮胎須要伴侶同意，亦即優生保健法第九條第二項中規定：「有配偶者，依前項第六款規定施行人工流產，應得配偶之同意。」被簡化的問題成爲是，女人的身體爲什麼需要男人的同意？但是婚姻關係的成立是兩個成年人在自主的意思決定中所成立的契約關係，而這個法律契約並不是由法律創造倫理，而是倫理先行再由法律固定權利關係。無論從法律的契約角度而言，或是倫理上主體間的約定而言，任何事物都將會在自己的「同意」之下而產生與「同意前」不同的狀態。

在婚姻關係中的未成年子女，生活上的一切事務都由親權人也就是父母雙方所共同決定，而「共同」相對於「單獨同意」正是婚姻關係在各自的同意中所產生的約束。那麼作爲前（pre）主體的胎兒一切事務，也是在婚姻關係中所應該共同而非單獨得以決定。但在身體自主權的持續上綱中，自主同意進入的婚姻關係也變成不受拘束的約定。但是，在雙方所同意進入的婚姻中就連性自主權也是受限制的

——例如通姦行爲對於配偶權的侵害（即便通姦罪除罪化，民事上仍有侵權行爲賠償），何況涉及到前主體的生命權問題。

也有從照顧責任分配不平等的論點來討論的角度，而照顧責任分配的問題必然是處在關係之中才會有的，故就此僅以（婚姻）關係存在爲前提來討論。照顧責任分配的不平等，從現實社會中男女間性別差別待遇是可想而之的現象，在此並不是肯定、容忍這個現象的存在，而是這個現象與墮胎與否的關聯性何在？也就是說，照顧責任的分配平等的話，難道墮胎就該得到支持？還是照顧責任的分配不平等的話，墮胎就不該得到支持？橫豎這個問題都與墮胎的議題無甚關聯。同樣的，生育率因此所受到的影響也不是影響墮胎正當性的問題，因爲墮胎對或不對（無論從法律或倫理上的標準來審視）並不因爲這些後果而受到影響。

而且這問題相反於說把女性的肚皮給物化，卻正是不把胎兒作爲物以對待（物化），不把胎兒作爲頭髮一般可隨意處分的物對待，才將胎兒區別對待於頭髮一般的身體器官（或部分）。換句話說，墮胎的無限上綱必然是將胎兒非人化（物化）

的過程無限延伸，但這點卻經常沒有被意識到。

身體自主權的上綱必然會達到臨界點，那個臨界點就是否決了另一個主體的所有權利。但身體自主權是主體自身作爲所有權利存在的基礎（自身是主體而有權利），卻與主張自身行爲所表現出的道德規則（另一主體被否定權利）間的矛盾，再因自身存在作爲權利主體是既有事實，使得對於另一主體被否定權利的論題無法成立。簡單來說，以胎兒作爲權利主體地位的個體（期間則是另一個問題，假定「某個」時間點）對於另一個主體的（任何）權利剝奪的行爲，與主張自身是權利主體而應受（任何）權利保障的行爲，無法同時成立。但是，胎兒何時成爲一個權利主體則是另一個問題，而這個問題所牽涉到的即爲墮胎得被肯認、容許的時期。

人的自由很重要，這是女性身體的自主權的立基點。但是，無論任何男性女性或是胎兒，都必然是先在法律上作爲「人——權利主體（或是在倫理學上的道德主體）」，才有後續依照生理差異（年齡、性徵）劃分的類別。也因此，另一個主體——另一個人的生命也很重要，這是胎兒生命的生命權立基點。在規範秩序之中沒有任何事是只要我想要有什麼不可以，至少從彌爾（John Stuart Mill）的傷害原則中我們可以知道只有在不傷害到另一個他人的情況下我們才享有自由。當胎兒作爲另一個他人——權利主體時，我們就應該尊重其作爲主體的地位，而只有這樣的主張才能證成主體地位應被尊重的主張（即身體自主權與墮胎）。

安柏沒有輸！性別作爲說謊行爲的豁免

世紀大審 Johnny Depp 與 Amber Heard 間的誹謗訴訟在近日宣判，強尼告安柏於二〇一八年爲華盛頓郵報寫的文章中提到自身受暴經歷造成自己事業的損失，安柏則是反訴強尼先前的律師 Adam Waldman 對《每日郵報》所提出的主張形成安柏關於家暴的主張是個騙局（hoax），陪審團認爲安柏這篇文章具有眞實惡意（actual malice），判決需賠償強尼一千五百萬美元（其中五百萬元是懲罰性賠償）賠償金，後者則是二百萬美元賠償金。

這裡想要討論的並不是案件的細節，因爲我不比其他人對這個案件了解得更多（至多是比較早聽聞關於「安屎」以及「斷指強尼」的事件而已），大多數是因爲媒體（包括網路）以此為主題進行報導、評論，才接觸到案件的資訊。

歷時近一個月的訴訟，其中慢慢揭露了這些事情，包括安柏謊稱受暴、捐出數百萬美元的費用或是「安屎」、「斷指」等等，簡而言之，「說謊」，甚至從一些資訊中我們也可以知道強尼可能有受暴的情況。首先我們要知道，所謂的「眞實惡意原則（actual malice）」在誹謗案件是非常重要的原則，這是在一九六四年《紐約時報》訴蘇利文案所建立起對言論自由保障的原則，我國在大法官釋字第五〇九號也有援用這個原則的意旨，簡單來說，誹謗罪的成立條件必須是言論發表者「明知」或是有「重大輕率」（白話就是一般人不可能不知道）所述不實，該內容對他人造成名譽上的貶損，就會成立誹謗。所以如果有經過基本的查證，通常不會有成立誹謗的問題。

從案件進入尾聲到宣判，開始有些聲音出現例如：不要把安柏迷因化，並不好笑，因為這會影響家暴被看待的方式，甚至讓家暴受害者怯於發聲；整個社會都想摧毀一個女人，安柏很糟糕，但強尼也很爛；本來就厭女，這起案件不過是能乘上的浪頭。

在這些評論中有些會先以「我也喜歡強尼戴普」開頭，或是諸如此類先爲接下來的言論消毒，這是種可以理解避免被資格論給圈限的預防針。但是，這類型評論的立基主軸都是「厭女」。厭女，可以說是女性主義中所主張的一種父權社會現象，日本社會學家上野千鶴子就有相關的著作，這可以說是父權社會的反面，也就是在男性優位的社會中對於女性的各式各樣貶抑。

然而這起案件是因安柏所撰寫關於自身受暴的文章，致使強尼遭受事業重大損害所生，而這起案件是否成立誹謗（defamation）所依憑的正是文章內容是否爲眞，換句話說，有沒有家暴這件事。從專家證人的診斷未依程序、過度誇張的反應（My dog stepped on a bee）、照片的修改以塑造遭家暴的圖片，這種種不僅是在前先的文章所彰顯的謊言，卻是確確實實在當下所出現的「說謊」行爲。

「說謊」這個行爲即便不訴諸於極度嚴格康德式道德哲學（例如康德認爲即便犯人在門前，我們也不能謊稱追逐的人的眞實位置，因爲這違反了定然律令），在一般的觀念中說謊的行爲仍然是「錯的」。對於家暴事件的注意毋寧是因爲女性主義的緣由，而也讓婚內強暴入罪化，也讓女性受迫的事實被攤開在社會之前，於是我們才發現女性這個占世界上一半的人口的群體，甚至比少數族裔更晚取得政治權利。

但是，對於安柏的各種批判嘲諷，並不全然是針對她的「性別」，卻是針對她的「行爲」，擔憂於對安柏的嘲諷將造成家暴受害者的寒蟬是種對輿論的過多要求。換句話說，對於任何道德上錯行的制裁方式，不同於法律是透過司法裁判，是透過公眾的輿論予以制衡。迷因化作爲當代的輿論形式，是種以網路爲主體的自體產製輿論的活動，而這些輿論並不是將安柏的性別予以調侃，卻是嘲諷安柏的說謊行爲。

安柏是位女性是無庸置疑的，但是女性也是「人」，當然也無法豁免於說謊作爲錯行的道德審視。然而，卻因爲具有「女性」的身分，就有來自於不同聲音的保護，於是問題出現：是否身爲女性，就能豁免於說謊的譴責？

家暴受害者與聲稱家暴受害者是完全不同的兩件事，而當後者的聲稱與事實有所不符，正是說謊行爲所表現出來的外觀。大部分人不會拒絕同理家暴受害者，但大部分人也不會去同理謊稱自身是家暴受害者。確實，有些人是因爲單純厭女，因此找各式各樣的理由，或是以此案件爲契機來滿足自己的仇恨。但就像所有的辯論一樣，當你把相反論點拿最極端的一種來當作對手予以證成自身的主張，是的，你永遠都不會說錯。然而，即便我們不估計，也不需要估計，作爲極端的主張，永遠也絕對不會是多數。有些人就是仇女，但不是所有人都否認女性受迫，甚至這是許多人所承認與認知，甚至企圖改善的現象。

換個場面來看，就我國的例子來說，前高雄市長韓國瑜在參選市長、總統時的各種政見以及行動表現出所言與所行明顯有扞格的多處，那時也出現了極多的迷因去嘲笑這些地方。然而女性主義呢？

所謂女性主義所關於的是父權社會長期對女性的壓迫，主張的是性別的平等。平等（equality）並不是給任何一種性別特權（privilege），而是去正視無論男性或女性，都是「人」，而應該受到公平的對待。

所以，當一個「人」說謊時所遭到的迷因對待，何以沒有人出來反對對於說謊者的撻伐（除非把韓家軍算入，但韓家軍反對撻伐是來自於政治立場而不是性別，故而與本文無涉）？而當女性主義於半個世紀前開始進入政治前台，所引起對於家暴的重視時，今日的強尼與安柏官司所揭露的部分事實是強尼受暴，何以未對「家暴受害者」予以關注？

這類聚焦於厭女的言論，忽略了種種現象正是對「說謊者」的譴責，而不是對於「女性」的譴責。於是，即便要以中立的方式起頭，也會如同各種在實際上具有是非的事情上，聲稱中立的那方實際上保障的往往是「非」的那方。於是，若說謊是種身而爲人的錯行，安柏作爲女性亦同身而爲人，是否能豁免於這樣的錯行呢？若說這種豁免權存在，也將不會是權利（right），因爲不具有任何正當性，卻會是種特權（privilege）。所謂的特權，意義一直都是因爲特定的「身分」而享有不同於未具身分者的特殊利益。

曾也撰有法律論文，《論釋字第七八九號：來自性別視角的省思》（曾友俞，全國律師，第二十五卷第六期，頁四十九至六十四，二〇二一年六月），裡頭也引用了行政院主計處關於兩性間性暴力案件的數據，男女之間的性暴力比例以前者遠高於後者，並在該文中提出了對於該解釋關於性侵害犯罪防治法第十七條以及被告對質詰問權的論述。文初雖未提出此等資料，係因我認爲本文主旨所要討論的是關於「謊言」的道德評價問題，而這是關於「人」的問題，故或無需經由資格論的審查。

家父長制國家卻成爲追求自由的悖謬之果

二〇二一年一月二十九日作成之最高法院一一〇年台上字第一七八一號刑事判決，案由爲妨害性自主，其嶄新處在於落實「積極同意」之性別知識中的重要觀念，也就是「only Yes means Yes」。此判決援引「消除對婦女一切形式歧視公約」（即CEDAW，於二〇一一年我國通過公佈之「消除對婦女一切形式歧視公約施行法」而具國內法效力）後，提及：

（前段）落實在性侵害事件，主要爲打破以往對於性別刻板印象及普遍存在性侵害犯罪迷思。以刑法第十六章妨害性自主罪章而言，所保護法益爲個人性自主決定權，即個人享有免於成爲他人性客體的自由，可依其意願自主決定「是否」、「何時」、「如何」及與「何人」爲性行爲，此乃基於維護人性尊嚴、個人主體性及人格發展的完整，並爲保障個人需求獲得滿足所不可或缺的基本權利。強調「性自主決定權」即「性同意權」，意指任何性行爲都應建立在相互尊重，彼此同意的基礎上，絕對是「No means No」「only Yes means Yes」，即「說不就是不！」、「她（或他）說願意才是願意！」、「沒有得到清楚明瞭的同意，就是不同意！」。申言之，要求性主動的一方有責任確認對方在「完全清醒」的狀態下「同意」（但排除對未滿十六歲、心智障礙、意識不清、權力不對等或以宗教之名行誘騙之實者）之行爲，鼓勵「溝通透明化」並「尊重對方」。

（後段）因此，對方沉默時不是同意，對方不確定或猶豫也不是同意，在對方未同意前之任何單獨與你同行回家或休息，只能視爲一般人際互動，不是性暗示，又同意擁抱或接吻，也不表示想要性交，即對方同意後也可反悔拒絕，無所謂「沒有說不行，就等於願意」或有「半推半就」的模糊空間，避免「性同意」成爲性侵害事件能否成立的爭議點。猶不得將性侵害的發生歸咎於被害者個人因素或反應（例如不得將被害人穿著曝露或從事與性相關之特殊行業等作爲發生性行爲的藉口，或指摘被害人何以不當場求救、立即報案、保全證據，或以被害人事後態度自若，仍與加害者保有曖昧、連繫等情狀即推認被害者應已同意而合理化加害者先前未經確認所發生的性行爲），卻忽視加害者在性行爲發生時是否確保對方是在自願情況下的責任。

將判決分爲二段係爲本文討論之便利，先就前段予以肯認，再就後段予以批判。就前段部分，參考我國刑法第二二一條的立法沿革中，原先稱作「強姦罪」，內容以：「對於婦女以強暴、脅迫、藥劑、催眠術或他法，至使不能抗拒而姦淫之者，爲強姦罪，處五年以上有期徒刑。姦淫未滿十四歲之女子，以強姦論。前二項之未遂犯罰之。」且規定在妨害風化罪章，而這時司法實務判定強姦罪是否成立的關鍵在於被害人有無因爲行爲人的行爲「至使不能抗拒」，換句話說，以「有無反抗」來認定，沒到無法反抗的程度，就不是強姦。尤其那時社會風氣壓抑，所以發生有如鄧如雯的案件，除了法律的壓迫之外，法律也體現了社會的主流價值：對女性的壓抑。

而在一九九九年三月三十日的修法爲：「對於男女以強暴、脅迫、恐嚇、催眠術或其他違反其意願之方法而爲性交者，處三年以上十年以下有期徒刑。前項之未遂犯罰之。」，除了刪除「至使不能抗拒」的要件外，也將行爲對象從原先限於「婦女」修正成「男女」，並且以「違反其意願之方法而爲性交者」作爲例示的「以強暴、脅迫、恐嚇、催眠術」等犯罪手段的解釋方向，換句話說，重要的是是否有「違反被害人的意願」，而不再以有無反抗作爲判定的標準。此對於性自主權的承認，也在大法官釋字第七九一號理由書第二十六段揭示：「按性自主權與個人之人格有不可分離之關係，爲個人自主決定權之一環，與人性尊嚴密切相關，屬憲法第二十二條所保障之基本權。」而在本案判決中本文所引用的前段更是將內容說明地鉅細彌遺，對於具體化基本權保障範圍，確屬一大進展。

再參考行政院主計處的統計，性侵害事件通報被害人概況從民國一〇四年到一〇七年男性的人數是一五五九人、一一五九人、一三五三人、一三七四人，相對的女性的人數是八五一四人、六七三四人、六六四五人、六九一八人，這是無論職業、年齡、社會關係的；加害人統計男性是九〇六九人、七一二〇人、六九七六人、七二三五人，而女性的加害人數是六六一人、五五四人、五四九人、五五九人，這同樣也是不分年齡；每人每月經常性薪資在不同的行業中男性都是普遍高於女性，甚至有將近高出四十%的經常性薪資（如一〇四年的工業部門）。在法務部地方檢察署辦理性侵案件統計中的偵查終結起訴人數與裁定確定有罪人數從民國一〇四年至一〇七年，男性是二〇四三人與一七五八人、一九五〇人與一五五一人、一八三五人與一四九一人、一七〇五人與一五〇七人，女性則是二十三人與二十一人、十五人與六人、十三人與十人、十九人與八人，而這同樣也是不分地區與年齡的，兩性間之相差更爲懸殊。於此，應可肯認，「性別平等是規範，不是現實」。

在判決的前段中，法院肯定個人的性自主權，並著重妨害性自主罪章中的「意願違反（即性自主）」要件，即「不即是不」、「同意才是同意」，並課予主動方有責任確認對方之意識狀態，並在健全意識狀態下進行同意，換言之，此方屬性自主。而此爲達致者爲「溝通透明化」與「尊重對方」之目的，立意當屬良好，且每個人無論性別本應僅因身爲主體，就值得尊重與認眞對待，此同爲對人性尊嚴之實踐。

而在判決後段將隨時可拒絕、沒有不行不等於同意、半推半就不等於同意、被害人之職業、穿著、反應或未反應，不得當作合理化於「性行爲時」任一方是否自願的口實，就此部分應無疑義，蓋因司法謹守「行爲責任同時性原則」除了用作判定行爲人於「行爲時」是否同時具有主觀上的認知（同意）外，也以此作爲判定相對人在「行爲時」是否同時具有主觀上的認知（同意），亦是刑事司法原則的堅守。僅於此仍須提醒者爲，司法上之眞實從來非等同於知識上之眞理，司法所呈現的至多是現實（reality），但絕非眞實（truth），故而自始至終任何犯罪行爲的當下，例如殺人罪，行爲人是否具有故意？甚至是否具有精神障礙？等問題，行爲人的主觀在司法上是永恆的未知，而僅能依照所有證據所顯示來判定行爲人的主觀。然而，任何主體的意識對於非主體而言，永遠都是「不可知的」，僅係在政治社會中透過社會契約所建構而出的主權者有權作出判定，而以此政治上的權威來壟斷知識上的眞實，所以才能作出有罪（認定行爲人有主觀認知故意）的裁判。惟，民主國家與極權國家的差別正在於，政治權威對於眞（知識）善（道德）美（藝術）的凌駕至何程度而已，在《一九八四》的故事裡的大洋國，是連邏輯上的分析眞理二加二都會等於五。

判決後段的其餘部分中，法院更直接地指明沉默、不確定、猶疑不是同意；單獨同行回家、休息只是一般人際互動而非性暗示；同意擁抱與接吻不等於想要性交等等。法院明指這是爲了「避免『性同意』成爲性侵害事件能否成立的爭議點」。然而，法院所作出的裁判是否就因此讓「性同意」不再是焦點？

法院否定了沉默、猶疑不定並非同意，單獨同行回家休息只是一般人際互動，同意擁抱與接吻不等於想要性交。然而，什麼才是同意？什麼才是性互動？怎麼才是想要性交？法院一概沒有說明。蓋因原先這些舉止、樣態本即為灰色地帶，然而法院只把原先灰色範圍內的一些部分排除劃歸在「黑色（被否定）」，但灰色地帶仍然廣闊，尤其如何才是「白色」，法院也沒有指明。試圖創造新秩序的法院，卻只透過否定的方式，實際上讓其所聲稱不再讓性同意成為爭點的宣言成為一句空談。

在法律上，沉默與默示不同，例如最高法院九十五年台上字第六八九號民事判決說：「按當事人互相表示意思一致者，無論其為明示或默示，契約即為成立，固為民法第一百五十三條所明定，然所謂默示之意思表示，係指依表意人之舉動或其他情事，足以間接推知其效果意思者而言，若單純之沉默，則除有特別情事，依社會觀念可認為一定意思表示者外，不得謂為默示之意思表示（本院二十九年上字第七六二號判例參照）。」那麼在性行為的過程中如何判定是默示還是沉默？

尤其，司法判決中經常會考量個案的「社會脈絡」，例如在妨害名譽案件中會有：「本罪所保護之法益乃個人經營社會群體生活之人格評價，是否構成侮辱，並非從被害人或行爲人之主觀感受判斷，而係以陳述內容之文義爲據，審酌個案之所有情節，包含行爲人與被害人之性別、年齡、職業類別、教育程度、社會地位、平時關係、言語使用習慣、詞彙脈絡等，探究言詞之客觀涵義，是否足以減損被害人之聲譽。」（最高法院一〇九年台上字第三一〇一號刑事判決）舉例來說，素昧平生二人，一方突對他方罵髒話，可能就會是犯罪；相對的，熟稔友人雖對他方「出口成髒」，則可能不會是犯罪，此即考量捨會脈絡的結果。而本案判決意旨提到單獨同行回家休息若是一般人際互動，那什麼才是「非」一般人際互動？畢竟在「一般」人際互動中，無論同性、異性甚至無論在愛情、友情，「一般」都不會「單獨同行回家休息」，尤其法院在定性所謂「一般」時是在沒有添加任何其他條件下的語句，因此意思將變成「任何單獨同行回家休息」都只是「單獨同行回家休息」，然而是否如實呢？若非如實，法院有權作此對人際關係互動界線的圈劃嗎？簡言之，單獨回家休息「可能只是」單獨回家休息，但也「可能不只是」單獨回家休息，法院是否有權把所有的詮釋收束成為「只能視為單獨回家休息」？同意擁抱與接吻不等於想要性交，那什麼才是想要性交的表示？常情的性愛互動幾乎不會有人直接說出：「我想要性交。」的言語，即便退一步，也幾乎不會說出：「我想要做愛。」這樣的話。親吻可以只是親吻，親吻可能是想要性交（性暗示），親吻也可能是同意性交，重點就在於「可能」所代表的現實中主體行為意義的詮釋多元性，然而法院卻專斷地宣稱：「不，親吻只是親吻。」每個人對於行動意義的理解本將有所不同，因為我們生活在自由的社會，問題就在於司法作為政治權威，不應壟斷社會中行動的意義解釋權。電影《讓子彈飛》之所以精彩正在於每一句台詞都至少有三個意思：說的人、聽的人、看的人，惟法院判決卻專擅地將意義縮限於一。因為在特定的社會脈絡、雙方互動之中，擁抱跟接吻就「可能」代表想要性交，然法院卻忽視社會脈絡，逕自全盤推翻。舉例來說，近幾年流行的：「Netflix & chill」、「要不要泡溫泉」都是約砲的暗示，在法院的標準中前者就是看網飛跟休息，後者就是單純泡溫泉，問題是所有的社會行動所具有的「意義」從來就不單一，就像文本

（text）本即有意義被多重詮釋的可能性且絕無正解，但法院卻以司法上（政治）權威的解釋權，壟斷了無限的詮釋可能性。尤其，這更是在社會上人際間互動的場域，更不用說此等干預是國家權力的延伸。

先退一步，把法院的文字善意理解成「同意擁抱、接吻不等於同意性交」。這是值得贊成的，同意擁抱、接吻確實不等於同意性交，但是在互動上同意擁抱、接吻卻等於「可能」同意性交。以兩性交往人際互動爲例本即漸進，從見面、認識、聊天、喝咖啡、看電影、出遠門、牽手、接吻、愛撫、上床，以此作爲流程前設，確實每個階段的同意不等於同意下一個階段，也就是說同意牽手不等於同意接吻，牽手不是同意接吻的符碼，同理，愛撫也不是性交的符碼，在互動中主體間仍應確認對方的眞意，但同意牽手卻代表「可能同意接吻」，這是不應被抹去的理解可能。然而，前一階段的行爲都是下一階段行爲有開展可能的預示，因爲主體在社會行動中的意義本非「單一」，前陣子有北歐國家要設計一款「iconsent」的APP，在性交前透過點按來確認雙方同意性交，然而那時遭致的批評在於人際互動的情感不應透過程式的介入使得情感內存的本質被消去。同理，在法律規範的層面也一樣，我們不應祈求規範介入人民生活各處，我們更應該做的是透過「教育」的方式，使得兩性主體間萌生互相尊重的意識。

「沒有說不，不等於同意」，確實如此，但所謂的「同意」並非只代表用言語說出，非言語溝通也是溝通，牽手接吻愛撫都是種非言語溝通，都有被詮釋理解成對下一個階段互動的潛能。然而參酌法院判決內文（前段）提到：「說不就是不！」、「她（他）說願意才是願意！」；（後段）否定行為的意義多元性，由此可知判決認為言語文義所直接指涉的「現象」，才是語言的「唯一的意義」。例如：說同意才是同意、牽手只是牽手、接吻只是接吻，那麼什麼才叫做性愛的前戲（foreplay）？所謂前戲正是因為這些親暱舉動「經常」是隱晦在兩人心照不宣的互動中，然而法院卻把每個階段的行為劃界在每個階段的行為，但行為層級的提升（例如從牽手到接吻、從愛撫到性交）是如何過渡？當然，前戲也好，其他階段的互動也好，也可以是直接以言說的方式進行，但問題正在於法院排除了非言說的方式，並以言說作爲行爲的唯一準則，並且將所有人際互動的行爲限界在「顧名思義」的單一理解，忽略了人際互動是動態性的過程，而非可以線切二端。以司法（政治）權威的方式，壟斷了社會行動意義的詮釋理解，使其單一化，這正是對於人民自由的限制，特別是古典的自由觀正是在於排拒國家權力（包括法令）干預個人的自由。

尤其，限縮在言語的表態成爲同意的唯一方式，也同時忽視了溝通分爲「言語」與「非言語」的兩種形式，態度、肢體舉動、語調這些都是非言語溝通的項目，就像是對話中語帶顫抖地說：「我明天給你一百萬。」就在非言語溝通透露出，言語溝通的內容是虛僞的。同時，無法用言語溝通的人是否也成爲被這則判決排除在外的「客體」？電影《綠洲》中智能不足的男主角與小兒麻痺的女主角，因爲相戀相愛而發生性關係，卻在被女方哥哥目睹時，使得男主角被判定爲性侵害，那麼聾啞人士該如何表達「性同意」？身心障礙人士該如何表達「性同意」？這樣的個體被排拒在「性」的範圍之外，就如同歷來被當作「無性者」一般，然而，性既然是作爲與人格至爲相關之事物，且在此特以保障被害人一方爲名，何以對於「無能」以言語進行溝通者進行排斥？

固然，在性別歷史上存在著兩性不平等的現象，尤其直到二十世紀初女性才獲得公民權，甚至比受到種族歧視的有色人種還要晚，然而我們必須要戒愼的事情是，過往的不公平並非由法律所造成，但是法律所代表的主權者意志卻可能在介入後產生不公平，而這就將是被歸咎在國家的作爲上。在歷史的辯證中，經常是在兩端擺盪，然當我們在另一方放置更多的重量時，因此所產生的傾斜而掉落的人，誰來承接？司法是在確立「標準」作爲人民的行爲規範，而不是透過偏頗的規範使得另一方也產生被害人，尤其這裡將可能是「司法的被害人」。集體意識的形塑不該來自於法律，而應該是來自於教育。我們無法否認的是在不正義的情形下，確實國家應該介入，但我們卻無法肯認國家應該「過度」介入，因爲任何的國家權力都是對於「自由」的干預。

法律之爲法律，正在於其必須具有「普遍性」，因此必然是「去脈絡化」的，而司法創設了一個標準，日後的司法體系將再依循這個標準運用在其他案件中，蓋因最高法院判決雖非形式上制定的法律，卻有事實上的拘束力而等同實質規範。而立法上如有殺人罪，刑法第二七一條規定：「殺人者，處死刑、無期徒刑或十年以上有期徒刑。」之所以可以此抽象文字（去脈絡化）予以規範，正是因爲在所有脈絡中的殺人行爲（任何致人於死之行爲）都是剝奪他人生命因此無可容許的（除了阻卻違法事由存在），然而，最高法院去脈絡化將社會人際互動的意義縮限在如同字義，是否也能在「所有脈絡中」被肯認如此？在所有脈絡中單獨同行回家休息、親吻、擁抱都只是單獨同行回家休息、親吻、擁抱嗎？且，司法是否有權越俎代庖僭越至立法權能，達成反權力分立的權力集中？法律之所以是法律是爲了「所有人」而設立，而不是特定群體，即便是被害人，卻是生活在同一個社會中的所有人。法院固然立意良善，但卻同時是在將權力擴展。且，本案判決犯罪事實是以被告取走被害人的手機，以暴力強迫與其性交，並以手機作勢拍攝裸照，佯稱要將照片傳送給其丈夫以達到強制性交之目的，無視被害人非自願性交，漠視其性自主決定權。在將來即將被適用本案最高法院判決的個案中，是否與本案的事實相同甚至近似?是以在適用本案片段於其他案例中所產生去脈絡化的現象，更會是去脈絡化的去脈絡化（decontextualized decontextualization）。而且，如前先所提及的司法所代表的政治權威將有凌駕於知識、道德與藝術的潛在性，也將會在人民的性互動中代替性行爲一方判定他方是否有同意，那麼這無疑地正是家父長制國家（Patriarchal State）的再現，然而，對於兩性平等的確保以及女性主義的主張，不正是要反對父權支配、壓迫並且獲得解放與自由的嗎?

性別上我們應該具有的共識是「同意才是同意」，因爲性自主所具有的人性尊嚴作爲價值基礎，是每個人身爲主體就具有應該被尊重的性質，而且同意是在任何時刻因著意願的變動都可以隨時撤回先前同意的。然而，如何表示同意不應該限定在言語的方式，尤其，這個標準更不應該由代表政治權威的司法來劃定，遑論本案最高法院判決更是在此之外壟斷社會行動意義的多元詮釋理解可能，並將行爲僅限在文義此最淺薄的層次上所直接指涉的現象（而若在判決〔作爲規範〕中能增添具體脈絡的考量，就不存在此專擅之疑）。對於最高法院所彰顯價值所帶來相關思考的終極，將會是對於國家的想像差異。我們想要的是福利國家（Welfare State）？又或只是守夜者國家（Night-watchman state）？雷根與羅斯福是無法同存的。我們應總是戒慎於國家權力的擴張，因爲公平才支持女性主義，因爲許多區別對待不應該發生在不同性別之間（例如同工同酬）；基於人權才支持女權，因爲女人是個「人」就具有人權與人性尊嚴；而這些主張都是爲了自由，因爲自由正是所有身而爲人所追求的。

從直男行為研究到性感照
——女性至上主義與女性主義

已經風行一段時間且也正流行的直男行為研究，顧名思義的是把「直男」當作研究對象，所謂對象即為 Object——即為客體，因此可以說直男被物化（Objectified）；另一方面性感照大多數由女性張貼，但這種會引起「性」、「感」的圖像，卻是被拒絕當作物化女性的影像，甚至還能主張是女性自主的表現。簡而言之，在不該物化任何個體的倫理學道德原則要求下，重要的是：「我們有無物化任何其他個體。」前者把男性給物化且堂而皇之，後者則是在物化的情形下以自主性作為反駁（被）物化。

在與他人互動時，從陌生到熟稔會讓互動從生疏到親密。在「直男行為研究」

活動中，有些情況是男性秉持著傳統且錯誤的觀念認爲「不要就是要」地一直主動對女方進擊，甚至糾纏不休，預設女方必須要被「突破」，甚至以突破之後抱得美人歸作爲白日幻想，以爲如此是男性氣概（Masculinity）成就感來源。但也有些例子是男性持續努力希望能取悅於女性、吸引女性，希冀得到青睞，雖然終局上都是被拒絕的一方，但並沒有以過激、過度的方式「追求」女性。然而，即便有這樣的差別，卻同樣都成爲直男行爲研究獵奇窺視的對象。

目前的法律有如跟蹤騷擾防治法（簡稱跟騷法）或是社會秩序維護法有對「騷擾」爲相關規範，甚至若是「性騷擾」更有性騷擾防治法相關規定。實際上目前直男行爲研究的諸多活動可以透過任何社群軟體中的「封鎖」功能解決，但若大家都這麼做，就肯定也不可能有這種研究活動，直男行爲研究也不會成爲顯學。當然這裡可能會被反駁：「就算封鎖對方可能還是會繼續騷擾，根本沒那麼簡單。」所謂「就算」是 even if，這是假設句，也就是實際上並沒有這麼做（否則也不會有那麼多對話紀錄）。

更且，若說封鎖對方仍然面臨騷擾，那麼這就是相關法律啓動的時機了。然而，大多數行爲正是還沒有達到違法的程度但又特別新奇，可能只是兩性互動過程「直男」走錯一步或表現出女性所不喜歡的特點（偏執、自傲），卻不自知地仍想培養、發展關係，亦即，即便只是一個失敗的搭訕，都可能變成被訕笑的結果。假設對話一方被「騷擾」——此指達到權益侵害程度的騷擾，因此公開特定人的特定言論對話或許可以從性侵犯被註記的理由給證成（雖然關於此是否具有正當性仍有爭論，所以使用「或許」）。

或許有人會說這是「直男行爲研究」又不是「性暴力男研究」，只是要看「直男」到底有多奇葩而已。回過頭來，可以先注意到性別差異出現在同樣具有貶義的性別名詞，例如「台女」與「直男」上，同樣出於異性之口，前者將是被嚴重撻伐的沙豬，後者卻不會受到譴責，甚至可能被認爲是自主性強烈的女性。然而，所謂女性主義所訴諸的是被壓迫的性別不再被壓迫，因此從歷史、社會及其權力關係中去分析以及批判不正當的支配。換句話說，根柢上是以「人」作爲主體、個體間的平等，並非具有特定身分——例如性別——即得享有相對於其他身分（性別）的特權。

「直男」是被創造的新物種，既然是異種則非我族類，不等者不等之的公平原理將允許對其差別待遇，也因此即便作爲男性也將其當作「他者」。然而，成爲直男只有兩個條件：第一、是「生理男性」；第二、是「女性認爲你很直」。前者是明顯的，後者則不然。所謂直不直就是噁不噁，若夠噁就可能會被放到網路公審也就會夠直，但當噁不噁還是個人言言殊的問題之時，就會出現再普通不過的交友對話都會被放在公領域檢視的後果。

若說女性主義所反對的是「父權社會」，也就是以男性爲表率的體制，那可以稱作是反男性至上主義的，然而回到前述這種批判，應該要是出自人作爲主體的平等要求。但在現實的實踐中，意外地辯證成爲了另一極端的女性至上主義，並不是性別之間平等，而是位居優位者易體。從金曲獎一個女性（人）對另一個男性（人）突如其來的襲胸（性侵犯）被認爲是沒問題的，相對的「如果」發生一個男性（人）

對另一個女性（人）突如其來襲胸（性侵犯）的話，必定是現行犯逮補。到如《雷神索爾》上映時女性在公開領域表達對男性的性慾望，反過來說即便是《格雷的五十道陰影》上映也很可能沒有男性在公開領域表達對於女性的性慾望。

在性別之間顯著的差異，昭然若揭。或有反駁認爲並不是這樣，男性也會在公開領域表達對女性的性慾望。這種事實上有無的問題無需否認，這裡所要說的是同樣是公開表達對於異性的性慾望，男性這麼做會被認爲「很噁」，女性則沒有這個問題。而在被認爲很噁的前提下，即便隱私權已是基本權利（憲法第二十二條與大法官釋字第六〇三號以及個人資料保護法），擷取（與）他人的非公開言論對於他人隱私權益的侵犯這件事，就這樣被忽視了。在這些直男是異類而不享有基本權利，在眾人對於眞人實境的窺視慾下，女性至上主義成爲新思潮。

接著看另一類別：性感照。在行使我們的權利時，或許（且經常）會影響到其他人，我們可以設想社會中的每個人都像個圓圈，移動時都會擠壓到其他圓圈，但在其他圓圈被壓傷之前，法律都不得介入，這就是彌爾（J.S Mill）所提出的傷害原則（Harm Principle）。另一個概念則是故意，可以區分成「確定故意」以及「不確定故意」，前者是既知且欲（認知與意圖），後者則僅有知（認知）。

舉例來說，言論自由的行使可能會造成聽者的不快感（感覺），而這些言論經常都是論者在「不確定故意」下所為，像是「草枝擺」、「去烘乾」等各種諧音，甚至正好都是在知悉此種語詞具有詮釋空間，且其中一種是會造成對方不快，甚至傷害到名譽（違法的程度），只不過出於諷嘘或避免違法的策略而不直言，然對這等語詞可以確認的是，論者具有對這種特定詮釋結論的「認知」，換句話說，不確定故意。法院之所以未必認定違法，主要是出於對言論自由的保障，以及在多種詮釋結果中，非謾罵的詮釋是合理的前提下。

一般行爲自由基本權，例如身體自主權或穿衣自由，也可能會造成他人的不快，例如穿著龐克對於年長世代就是如此。言論的發表例如床語，相對於造成不快感，是造成快感的活動，同樣的，一般行爲自由也可能會造成觀者的快感（感覺），或說，性慾。而這裡也能確定的是在引發觀者的各種感受中，穿著性感者對於會引起觀者的快感——感覺——性慾也是具有不確定故意的認知。因此，若說僅以一般行爲自由（穿衣自由）作爲辯詞，可以說是無效的，因爲穿著性感與惹起他人的性慾不僅具有關聯，更是在行爲者的認知之中。

這種快感——性慾，是對應在男性凝視下的性慾，男性凝視又是父權社會中男性氣概慾望的指向，張貼性感照片的行爲者或許可以自詡爲實踐身體自主權的自主個體（autonomy agent），但此卻無礙於這樣的行爲同時也更加強化這個身體與雄性慾望標的之連結，而這實際地正是在「物化」的過程。這裡或許會有兩難，也就是即便是出於某種目的卻導致另一種後果（併同）發生，但這實際發生的後果是無法僅憑主張實踐自主權就能遮掩的現實，更不用說原初的目的就在燃起雄性慾望的行爲。無論何者，都很難與女性主義所主張要去破除男性凝視下性慾客體與女性肉體的觀念連結相符，那這還能稱作女性主義嗎？

有些體態跟相片雖然都有裸露，但所顯露的意象是不同的，有些體現出美感，有些則體現出性感。所謂性感，即 sexy，其中則是 sex：性。性感中有美，或美中有性感，探討二者間關係究竟是交疊或衍生於此實無必要。例如乳房與乳頭，母親哺乳時的乳房與乳頭所展現的女性美，以及女性寫眞攝影時的乳房與乳頭所展現的女性性感（尤其是若隱若現），就是不同的感官體驗。同樣的身體部位在不同的情境下——例如構圖——所產生出的觀感體驗就有所不同。尤其母親必然同時會是女性，所以當上述的女性同時是上述的母親時，更加凸顯美與性感間的差異。再更進一步來說，乳頭是被吸吮的，同樣來自另一個對女性乳頭從事這等行爲的個體，也會在上述不同的情境中呈現不同的觀感。更極端一點，早期婦運學者何春蕤在《好色女人》書中更提到母親在哺乳嬰兒時的性感體驗。美與性感之間或許交雜，但卻是不同的，也不依從身分而定。

回過頭來，放性感照因此接受性訊息的相關影像也經常成爲「研究素材」，但當這張照片是「性感的」，那麼引起他人（尤其這裡的性感所指涉是雄性慾望客體式的）的性反應將會是被不確定故意所涵括，那麼這樣的訊息是否是不對的？或許我們該先設想，當我們選擇參加拳擊比賽時被拳頭擊中受傷，這個拳頭打傷我們的是否犯了錯？當我們選擇參加搖滾演唱會，並且走到「搖滾區」發生了衝撞因而受傷，造成我們受傷的群眾是否犯了錯？

在法律上有個類似的概念稱作「自招危難」，最高法院一〇五年度台上字第三八三號刑事判決簡單來說如果災難是行爲人所造成的，那就不能主張緊急避難阻卻違法（也就是仍然違法）。舉例來說，被野獸追趕情急而踹破別人家的門，在法律上就不會成立毀損罪，但如果這頭野獸是自己故意惹怒的，就無法主張緊急避難而仍然成立毀損罪。這樣的觀念所代表的是：你爲自己行爲所將造成的後果負責，這也是很根本的人作爲主體觀念的自由論。

那麼性感照被張貼引起了他人性慾，而他人進而表達性慾，那麼這樣眞的算是「騷擾」嗎？這裡討論的不是那種明顯冒犯例如：「我想要幹你。」這樣甚至已經達到惡害通知的「脅迫」（甚至違法），而是聚焦在較常見附隨於性感照後而來有如：「硬了。」的訊息，這樣的訊息即經常成爲研究素材被公諸於眾。再舉個例子，某人擔任派對公司職員，某日的工作是到生日派對要把戲娛樂大家，其中有人主動對這名職員表達自身的快樂，即便這名職員只把這個活動當作工作，但其行爲將惹起他人的快感是其所認知的，那麼這樣的情感表達會是錯的嗎？同樣，在性感照的情況引起性慾的後果，不僅是在張貼性感照行爲中被認知到的——亦即是可被預料的，那麼他人陳述這樣的後果，是否是對權益侵犯——騷擾——的錯行？這裡要說的並非訊息接收方有沒有義務要承受、容忍，而是表達方的行爲有沒有錯。（當然前者也是値得討論的。）

或許我們該思考的是，究竟我們所宣稱支持的、實踐的，究竟是女性主義又或者是女性至上主義，而問題的核心正在於我們所期許的是，人作爲主體即爲平等的社會，又或者是具有特定性別身分（無論男性、女性）得享有特權——不與義務相對應的權能——的社會？

所有的樣子都是美的，那什麼是不美的？
——關於政治正確現象的一些想法

所謂的政治正確，在意義上原先是中性的，也就是在政治價值上符合某種標準（例如主流）的主張，就可以稱作政治正確。然而，政治正確的意涵現在確實具有貶意，即於矯枉過正之後，使得價值的主張已經成爲對於眞實、道德、美感的顚覆。舉例來說，《玩具總動員》的蛋頭先生不可以稱作「先生」，加拿大總理 Justin Trudeau 在二〇一八年二月七日糾正了一位女性使用了"mankind"一詞，應該使用"peoplekind"。今日，不能使用他／她（he / she），只能使用「they」。這些語詞被禁用，只因爲不夠具有「包容性（inclusive）」。甚至，美醜是相對的概念，現在這對概念間的相對關係也被消解，然而失去其一如何能維持原先「美」的概念的存在？換句話說：所有的樣子都是美的，那什麼是不美的？

每個領域中都有標準存在，舉例來說道德上說謊是錯的，誠實是對的；法律上偷竊是錯的，不偷竊是對的；房內有張椅子，我們說有張椅子，這句陳述就會是眞的，但若說有一張以上的椅子或說不是椅子的任何陳述都將會是假的。所以，我們是否能想像「所有行爲都是對的」如此的命題？應該十分困難。如果所有行爲都是對的，那麼殺人也是對的，幫助人也會是對的，白話來說：那還有什麼是非可言？

迷因上有基努李維說「二加二等於五，你也是對的」，引起共鳴的並不是這句陳述對邏輯眞理的否定，卻是一種與世無爭的氣度，實際上沒有人會同意二加二不是等於四。但爲何在我們能說瘦的人瘦、美的人美的時候，卻不能說胖的人胖、醜的人醜？這裡倒也未必需要爭執「誰來定義胖、醜」的問題，因爲只要「瘦、美」是個概念，其對面就必然是另一者，而這價值標準多半來自於社會主流價值（這裡並沒有去討論社會主流價值所認定的美是否就是藝術上的美，只因題旨故聚焦於美與不美的相對關係）。

關於前述問題的解答不脫於這是種「冒犯（offense）」，但對於小粉紅來說任何言行都可能是種「辱華」的冒犯。從後見之明我們可以知道這種任意入罪的行徑是荒謬的，回過頭來就能確認「冒犯」與否不止是從受者的對象一方以觀，否則心若是玻璃做的那反倒使其像穿了金鐘罩一般橫著走。亦即，「冒犯」與否應要同時從受者一方以及施者一方予以判定，粗略來說至少要言行將被一般地認定是「錯的」。

只不過這裡有趣的地方是，若此「一般」是以主流而言，主流又是以人數取勝的話，反將使如小粉紅數量極多（炎黃子孫十數億人），而將再度證成任何言行都是種辱華。所以，對於「言行的判斷」將也不是以多數決的方式為之，這個一般——generally 的意思更多是在行為的對錯是否能予證成——即經由論證（argument）。到此說遠了些，不過重點在於我們不能單憑受者一方感受不好就說他方是錯的，否則就太過片面。

然而一般而言以和平為氣氛的生活狀態中，即便一個人是胖的我們也不能說他是胖的，這並不是來自於受者的感受要求，而是一般人會從受者的感受要求出發來提出一個「說他是胖的不好」的對錯判斷，即便實際上該受者的體重確實是不健康地超重，這仍然是不能說的禁語。於是爭議就會成爲：我們到底能不能「是什麼，就說什麼？」

應該要是可以的，因爲言語若與實際有所符應，何以不得言說？但目前的實際卻是以「所有的樣子都是美的」爲主流價值，所以確實有很多不得言、不得行的舉止。根柢上這與民主有很大的干係，即其中特質：「多元性」。從君王到貴族再到民主，權力的稀釋讓原先的單元成爲多元，原先只有一個人有話語權，到今日所有人都有話語權，絕對的權威在主權在民的思維中，讓每個人與每個人間的權力都是對等的，你不大於我，我也不大於你。從大的格局來說，在國家層面上這種主權與主權間的對等均勢形成在「國」、「際」沒有判準的結局——固然有國際法，但國際法的機構並沒有如同國家於領土中之權威——換句話說，國際之間是無序的，是永恆處在潛在戰爭的狀態中。同樣的，人與人之間的關係就近似於——甚至等同

——國與國間的關係，在自由主義國家中立性所限制國家權力未及的個人私領域中，人與人之間也不互相對他方擁有權威，那就會變成憑什麼你說的是對？他說的也對，你說的也對，大家都對。問題又成為：那什麼是錯？這樣的結果也可以說是相對主義的惡害。

回到政治正確。女性主義是值得支持的，但當女性主義成為「政治正確」時，就像拜登簽署反歧視的行政命令，其內容包括允許「跨性別者」參與「女性」運動。允許跨性別者參與女性運動可以在 MMA 的賽事中見及，有一選手 Fallon 以跨性別的身分參加比賽，但卻把（生理）女性對手打到眼框跟頭骨爆裂。或是，反種族主義是值得支持的，但當反種族主義成為「政治正確」的時候，「所有人的命都是命（All lives matter）」成為「黑人的命也是命（Black lives matter）」所反對的主張。不平等的主張原先應是使得等者等之，然而實際卻形成了特權轉移，「政治正確」不只是一種標準，更成為一種教規，使得政治宗教群體得持此規章以勒令他人服從。

政治正確作為教規價值本身的特點在於要將生理、自然性的現實所具有的差異，例如黑與白、男與女等等各種原先存在於世界上的二元給消去界線，或是把標準所界分出的不同類別給等同（例如胖瘦、美醜），而這都來自於「平等」的訴求。當就連客觀現象都不再能是行動的前提、認知的基礎，主觀上的認同躍升成關鍵，在人言言殊且以教規爲令的社會中，人人將動輒得咎，不如作一寒蟬。主觀認同並非不重要，但「政治正確」的問題在於將主觀認同抬升爲凌駕客觀眞實的東西，然當膚色、生理性別都不該成爲「區別對待」——必須要注意的是區別對待是中性的意義，就像依照生理性別的不同，分別設立男女廁予以區別對待一般——的基礎時，那麼就像狄更斯的《塊肉餘生錄》也能以印度裔的 Dev Patel 主演；薩爾達的主角沒有黑人，那就被批判是一款歧視性的遊戲一般。

不過仔細審視也會發現矛盾的地方，政治正確的終極訴求在於平等，齊一化所有不同的個體。然而同時卻也欲讓原先位處歷史上弱勢、少數的一群，在道德上要優越於其他非屬於「我群」的其他群體。在希冀消除差異的同時，卻也在提倡差異，這除可用矛盾形容外，也可說是雙重標準的表現。

就連在日本二〇二〇年 Covid-19 肺炎猖行之時，也發起了ＢＬＭ的活動，群眾冒著染病的群聚風險進行集會遊行，在這樣的活動中，卻也只將特定群體提升（黑人的命才是命大於所有人的命都是命），但是所謂的少數（Minority）並不只專屬於一個群體，任何一個群體在不同的觀點下都可能成爲少數。例如種族歧視的議題中，亞洲人受到歧視的問題卻從來不是討論台上的主旨——即便可能更加嚴重，只不過在以美國爲領銜的西方主流文化中以美國歷史爲基礎，所顯現出的最大受迫族群爲非裔，故而形成今日世界的樣子。對於獨一少數的供奉，其實不過是形成另一種新型態的宰制，所謂的新自由也不過是披上自由外衣的專制，如此而已。

歧視這個概念，文義上所指涉的不過是歧（不同）視（觀點看待）——discrimination——區別對待，但是在日常語用下使得負面性的歧視才成爲此概念的唯一內涵。惟若回歸原初文義，是否所有的歧視——區別對待——都是不正當的？兩性間的同工不同酬是不正當的歧視，因此應該改善，理由是報酬是相對於工作，而非性別。但男女廁的分立是基於生理性別的考量，卻也確確實實地是種歧視——區別對待，但這是否不正當？

　　主觀上的認同是每個人基於自身的主體性而值得被尊重，但當政治正確以新自由之名，將主觀認同凌駕於客觀標準時，前者將取代眞理、德行與美的價值，而這將形成專制：左派專制。「平等」與「自由」從來對立，所謂平等是把「相同事物做相同對待，不同事物做不同對待」，重要的是如何判定事物的相同與不同。但政治正確所形成的判定標準則是把不同的事物在主觀的認同下更易爲相同的事物，因此原先應爲不同對待者卻被相同對待，所以男女廁要合一，即便隱私與犯罪風險的問題存在；所以歷史上確實是白人發生的事件，也要用有色人種來詮釋。

　　這種情況走向極致或許會產生反眞實的文本敘事，例如：故事以非裔人種是大地主，亞利安人是奴工；甚或以美洲原住民扮演侵略者，殺害在美洲大陸上的歐洲白人（雖然美洲大陸上原本不可能出現歐洲白人）。但眞實是什麼在這裡重要嗎？尤其，這將不是以諷刺劇的方式表現，卻是以歷史作品的方式呈現時。然而問題是，這是我們想生活於其中的世界嗎？

在消除差異的同時，也使得現實中具有各種差異的多元性被抹去，甚至進一步建構出新的差異而形成特權轉移。這將不再是「政治正確的主張才是對的」，更會是「不主張政治正確就是不對的」。換句話說，不再是主張政治正確該被鼓勵，而是不提出政治正確的主張就是該被譴責的。尤其建構新差異的同時使特定少數成爲具有優勢的群體，然而不被包含在這些特定少數的群體呢（例如被排除在種族歧視議題之外的亞裔人種）？以及，雙重性的平等究竟什麼時候該採取什麼標準，誰來決定？

對於平等的追求必然是對自由的限縮，二者的零和關係使得這種發展成爲必然。更進一步在建構新差異的同時所形成的專制，將是對自由的更進一步限縮。或許對於政治正確我們該想的是，我們到底追求的、欲生活於其中的社會是什麼樣子？而我們將會因此失去什麼？

可不可以，腦補一下下就好
——年度神曲所引起關於性騷擾的議論

歌手巴大雄發表歌曲〈可不可以放進去一下下就好〉，歌詞多以歌名為主，而MV也以老式卡拉OK伴唱帶的方式製作，簡單來說，除了歌詞之外，包括角色的族裔以及影片表現方式，都是非主流的。然而，因為故事所涉及到的「性」，卻產生了：「這是不是性騷擾？是不是該被批判？」的聲音。

查詢關於這首歌曲的資訊時都會見到以「原住民歌手」來標示演出者，然而以這種概括的方式來劃分首先就已是種（負面）歧視，因為四大族群——即「漢、閩、客、原」的劃分是九〇年代台灣的通見，實際上原住民族是個概稱，其中有各個互殊的族群，這是在以漢文化為主的我國社會中將所有非漢族者的粗暴劃分。但這卻沒有引起爭議，反而是在性別的問題上產生這到底是不是性騷擾的問題。

男女主角（巴大雄、A-Lin）其實都是阿美族，所以在故事的設定上兩者能在一般生活中碰上面是很合理的，在歌詞中反覆出現的：「可不可以，放進去一下下就好，可不可以，不要讓別人知道」到底是男主角對女主角的發言，又或者是自言自語的小劇場，其實是沒有被交代的，畢竟在影片與歌詞裡頭沒有女聲，男女主角的交會也只有在短短一刻轉身十指交扣。在歌詞中提到的也包括男主角到女主角家看到她在晒衣服（那天經過你的家裡看到你〔又在〕晒衣服）、女主角已婚（你老公還沒有回來我心臟在怦怦跳）等等。除此之外，沒有其他。

但是，既然兩人有一刻是十指交扣的，那有可能的劇情是女方雖然已婚但男方的情感獲得回應，然礙於女方婚姻關係的存在而只能自言自語地說：「我想問妳，我想問妳，可不可以放進去一下下就好。」這種自言自語不過是思想中的事情——甚至所謂自言自語經常並不是眞的有「言語」出現，卻只是在腦裡的聲音。但所謂（性）騷擾是一種行爲，即便不是物理上的行動，至少也必須是言語，光是在腦袋想想是個連行爲都沒有的念頭而已，若說就連意淫都有罪，那這就是種「思想犯」。而思想犯的成立與否，是有權者說有就有的恣意裁量，毫無標準可言。

這裡倒也不必去談思想的有無對於現實後果會否有任何影響，因爲這將會是以後果的良劣來決定對錯的後果論。問題出在思想是否該是被評價的標的？若說是，那我們就將承認規範（包括法律）是能將人的思想列爲審查、檢驗對象的一組規則，那麼我們將無法課責於國家曾經或現在將人民以其思想不正、叛亂入罪的處罰，尤其無法忽略的是思想犯的成立與否是全然恣意的；相對的，若說我們認爲思想不該是被評價的標的，那我們就不該去譴責——至少說以法律的層面而言，畢竟性騷擾是法律概念——意淫的念頭，更進一步，即便所想的是達到犯罪程度的情況，也因爲僅僅是思想而不是行爲，進而也不是法律規範——性騷擾——所能處理的範圍。

退一步來說，若男主角並非只是在腦中想想，是眞的對女主角說出如歌詞一般的話，那就是性騷擾了嗎？有說這句話是約會強暴會出現的話語、有說這樣的話就是性騷擾的重點是在聽者的感受。然而，前者的重點是在於「強暴」是違反意願的不法行爲，後者依性騷擾防治法第二條規定也以「意願的違反」作爲性騷擾行爲的法律要件。無論如何，重點都是以「意願違反」作爲法律要件，這根據規範上對於性自主權的保障，例如最高法院一一一年度台上字第一五七〇號刑事判決就論道：「刑罰制裁妨害性自主行爲，係爲保障他人關於性意思形成與決定之自由，因性侵害犯罪係侵犯他人之性自主權，即任何他人在法律範圍內，得自主決定其是否及如何實施性行爲而不受他人強迫及干涉之權利，屬人格權之範疇。」簡言之，性騷擾不是「感受」的問題，而是有無「違反意願」的問題，否則單以聽者一方感受即可評定，那不正是說小粉紅可以說辱華就是辱華了嗎？

尤其在歌詞中「可不可以，放進去一下下就好」之前，先有出現「我想問妳，我想問妳」，那麼這樣的詢問既然已經是在確認對方的意願，故事中也沒有交代女方是否有拒絕（甚至影片中還有十指交扣），男方是否有更進一步違反意願，在這些故事細節的欠缺下要去斷定是否有性騷擾，那必然是腦補了有「違反意願」的故事細節才可能有如此的評價結果。然而既然資訊不齊全（影片與歌詞都沒有提供更延伸的資訊），何必非要作出判斷（評價）不可？前述提到的可能劇情推測也只是在其中一種假設下所做的推測，也因爲推測是爲推測，所以也才同時討論了劇情的另外一種可能（也就是到底是自言自語或是眞的有問出這些話的男主角）。

評價必須以事實爲根據。資訊越是充分那麼評價也必然越是健全。審判也是同樣的道理，有越多證據所顯示越充分的資訊所形成的裁判也必然是更有事實根據的，而這也是「證據裁判主義」的意義所在。當故事（事件）的細節匱乏，卻擅自塡補故事的內容（女主角意願被違反），這必然地是種家父長主義（Parentalism）的表現，也就是代替他人判斷（意願違反的有無），然而這種做法才正是「違反意願」行爲範例的表率。更不用說，在故事細節欠缺的情況下，逕自作出這是性騷擾的評價結論，這正好就是所有冤案會出現的原因：腦補。何其無辜。

我們可以看出的是這首歌曲與MV是以幽默的方式在表現，幽默固然並非正當化一切言行的依據，但就這首歌曲故事中的細節留白而無法逕行判斷，在上述也假設了不同情形提出分析，無論何者，都無法把男主角判定爲性騷擾人犯。既然故事是無罪的，那麼創作故事者的創作（言論）表現當然也是無罪的。我們不該談到性就把神經給繃緊、不該談到性就腦補（假設）一定有意願違反的情節存在，畢竟性這個主題也應該要是在「討論」中能被討論的議題。

既然任何的討論都不該有腦補存在，關於這首歌曲與故事的討論，亦然。

註：

性騷擾防治法第二條：「本法所稱性騷擾，係指性侵害犯罪以外，對他人實施違反其意願而與性或性別有關之行為，且有下列情形之一者：一、以該他人順服或拒絕該行為，作為其獲得、喪失或減損與工作、教育、訓練、服務、計畫、活動有關權益之條件。二、以展示或播送文字、圖畫、聲音、影像或其他物品之方式，或以歧視、侮辱之言行，或以他法，而有損害他人人格尊嚴，或造成使人心生畏怖、感受敵意或冒犯之情境，或不當影響其工作、教育、訓練、服務、計畫、活動或正常生活之進行。」

博愛座不坐？——女性主義、威權時代與其他

作家李昂在二〇二三年九月二十日於社群媒體發文對博愛座表示意見，其中提到沒有人願意讓座，甚至拍照內文中提到的「年輕人」上網公審，以及如下的言論：「年輕男生說他不舒服，我是看不出來啦！兩個女生態度非常壞，還給我不斷地白眼！」等等，李昂的理據是自己「年長」，而且十月一日要到巴黎發表新書忙到身體不舒服。

隔日，再於社群媒體發表說道自己要跟波蘭教授會面、有高血壓的疾病，再補敘前述的「年輕人」，「知道我要求他讓座的時候，漏（按：原文照引）出一副你奈何不了我的表情，對我說：他身體不舒服。」、「之後我看了臉書的回應，有人

說他們可能懷孕了，高中生就懷孕了？台灣生育率這麼低，那眞的太恭喜了！看看照片，他們像懷孕的樣子嗎？而且懷孕了也可以跟我講。我一定沒話說。」對於自己的形容則是，「我沒有戴口罩，而且沒有化妝，我的高血壓因爲受到這樣的刺激，一定臉色很難看」。

文內也提到有另一位老者願意讓座，自己判斷對方有需要而致謝而應無就座（內文無法判斷），並且說「只要有理由或態度和善，我基本上都尊重，這一個對我不在意三白眼的女生，眞正的觸怒了我，讓我發那一篇臉書。」

說到李昂，不僅文壇享有盛名，甚至對此未有涉獵者都略知一二。早期的《殺夫》（一九八六年出版）更是經典，而這本書也在波蘭翻譯出版。早期的這些寫作讓她無疑地是個女性主義作家，這是時代性的、無可抹滅的。但現在她重塑自己的形象成什麼了呢？

對於公審對象的女性，以其等是否「懷孕」作爲批評與否的特徵，這明擺著的是性別（負面）歧視。（不只在隔日的發文中有如此提到，前一日的文章留言中也說道：「親愛的，中學生，這個時候懷孕倒是很恭喜」、「而且兩個人一起懷孕？如果懷孕的也可以告訴我，我絕對不會爲難她。」）但或許使用「重塑」這個詞有些失當，畢竟早在二十世紀末李昂的著作《北港香爐人人插》就被認爲是以虛代實的方式在影射另一位女性。當然她否認，只不過若此爲眞，那麼今日的言行也並非形象的重塑，卻只是延續而已。

回到博愛座的問題，我們可以從規範層面來討論。

「博愛座」這個概念確實地存在於我國的法律中，根據身心障礙者權益保障法第五十三條第五項授權大眾運輸工具無障礙設施設置辦法第十二條第二款：「博愛座：客車廂應設置供行動不便者優先乘坐之博愛座，並應於明顯處標示博愛座字樣，座位至車門間之地板應平坦無障礙。」然而，什麼是行動不便者呢？雖然於此匱乏明文，但在建築物無障礙設施設計規範卻有所規定：「一〇四・一行動不便者：個人身體因先天或後天受損、退化，如肢體障礙、視覺障礙、聽覺障礙等，導致在使用建築環境時受到限制者。另因暫時性原因導致行動受限者，如孕婦及骨折病患等，為『暫時性行動不便者』。」

簡單來說，行動不便者即先、後天具有障礙致受到建築環境限制的人。這也符合前述博愛座的法源身心障礙者權益保障法中對身心障礙者的定義（於此可稱狹義身心障礙者），即神經、精神、五感、血液內分泌、生殖系統、皮膚等各處之一的失能影響社會生活。而身心障礙者權益保障法第五十三條第三項也如此規定：「大眾運輸工具應規劃設置便於各類身心障礙者行動與使用之無障礙設施及設備。未提供對號座之大眾運輸工具應設置供身心障礙者及老弱婦孺優先乘坐之博愛座……」

固然身心障礙者與老弱婦孺是不同的概念，在法律上將此二者分別以明文記述即可得知，然而在法解釋學上將此二者並列即係將其等作同樣評價，換言之，老弱婦孺即便並沒有明確法律定義，在評價結論上也是相同於身心障礙者，而為避免不正當的歧視存在，也就必然地必須把老弱婦孺的定義並非僅從其身分，例如「年齡」、「性別」予以區分，而必須在實際上具有「障礙」的情況，才能符合於所謂的「老弱婦孺」。

否則試想，若僅為「婦」就能坐博愛座，不正是性別（負面）歧視嗎？或者，若僅爲「老」就能坐博愛座，也是另一種類型的（負面）歧視。更不用說，在一個解構眞實的年代，即能以身分認同去凌駕客觀實在的時期，若「性別認同」、「年齡認同」只要自己說了算，那誰來決定什麼是「老」、「弱」、「婦」、「孺」？更別說荒謬的免術換證了。

回到博愛座的概念，既然博愛座是提供給廣義身心障礙者（包括法律定義的身心障礙者，相當於身心障礙者的老弱婦孺、行動不便者），對於身心障礙者當然是沒有疑問，除了可能領有證明之外，可能在外顯上能看得出來。問題則是在這裡：誰來判斷誰是老弱婦孺？

十分著名的日劇《Legal High》在第一季第一集中就以此爲開端，黛律師在電車上看到身旁的老人欲讓座時，被古美門給搶先坐下，詢問他是否可讓座被拒絕後有了如下對話：

「你看起來還很年輕吧？我旁邊這位已經上年紀了。」

「所以呢？」

「你不覺得體力好的人把座位讓給體力弱的人，是理所當然的道德禮儀嗎？」

「我認同。」

「那樣的話……」

「但是年輕就有體力，上了年紀的話就沒有體力，這樣一概判斷合適嗎？好比說我今年三十八歲，但是我患有重度心臟病的可能性，你考慮過嗎？」

「你有嗎？」

「沒有。」

「他雖然看起來六十多歲了，可是長期去健身房，而且從包的使用狀態來看，可以推測他是很厲害的行家，強壯的胸大肌，緊繃的腹背肌，小腿的三頭肌舒張狀態即使從外面都能強烈感受到，比起貧弱的我，他的身體可是好到不行。」

「但是……」

「並且那個健身房就在這站的站前，僅兩分鐘的一站間，不只沒有讓座必要，連站起來坐下都沒必要，所以沒有讓座，就這樣還有什麼意見嗎？謝謝。」

宛如當頭棒喝一般。但是，不知道問題是出在這部劇許多人看完就忘了，還是這部劇根本在不同年齡層間未必流行，總而言之，這段劇情的重點在於：誰來判斷，以及，如何判斷誰需要座位？

廣義身心障礙者未必是肉眼能辨識，例如狹義的身心障礙者中就有包括除了肢體障礙之外的精神、內分泌等未必能用「看」出來的需求。遑論就算是孕婦也可能有像《Six Weeks》中懷孕卻不外顯的樣貌。所以舒不舒服，或許未必是能像李昂說得用看得就能看出來，就連中醫都有「望聞問切」四個階段才能判斷病徵，一個作家若能一望即知，那簡直是醫學大突破。

尤其，在言論自由的憲法基本權保障上司法提出此等見解：「判斷某種評論是否『合理』或『適當』，並不是在審查評論或意見的表達是否選擇了適當的字眼或形容詞，而是在審查其評論所根據之事實或評論的事實是否已經爲大眾知曉，或是否在評論的同時一併公開的陳述，其目的即是在讓大眾去判斷表達意見之人對某項事務的評論或意見是否持平，表達意見人是否能受到社會大眾的信賴及其意見或評論是否會被社會接受，社會自有評價及選擇。在判斷是否爲『善意』的評論，其重點係在審查表達意見人是否針對與公眾利益有關之事項表達意見或作評論，其動機非以毀損被評論人之名譽爲唯一之目的，即可認其評論爲善意。」臺灣高等法院臺中分院著有一〇七年度上易字第三八一號刑事判決參照。

也就是說，所謂的合理評論原則（Fair Comment）作爲阻卻違法事由，必須提出的意見所根據的事實是一併或已經公開的，且言論並非以毀損他人爲唯一目的。然而，李昂對其所上傳照片的年輕人形容「看不出來不舒服」，並形容自己看起來一定臉色很難看，但卻沒有提供自己當時的照片供公眾判斷：到底「誰看起來更不舒服」？且其發表這等照片以公審這幾位年輕人，除了毀損該人的名譽也難以認爲有其他目的。固然博愛座的議題是公共的，但討論博愛座的議題除了未必需要有具體案例（可以假設）之外，就算要以具體經驗爲例，也沒有上傳年輕人（可能是學生、未成年人）供公眾周知的必要，遑論李昂與不知爲何人的年輕孩子在社會權力上的懸殊差距卻爲公審，以其曾（甚至是現在）作爲女性主義者的身分而言，尤其女性主義者所訴諸的對於權力（父權）、支配、壓迫的反抗，毋寧是更大的諷刺。

對於公審與倚賣的現象曾有撰文，於此暫不予贅。這裡我們可以看李昂言論中所彰顯出的另一個現象，她說道：「否則就取消博愛座，這個道理不是很簡單嗎？」（留言）、「爲什麼要問蔣萬安呢？因爲隨著台灣的人口老化，這樣的糾紛只會越來越多。那麼，我們是不是有一個更明確的規範大家都可以遵守？我要強調一下，這畢竟是博愛座，不是一般的座位，有這樣的機制，希望能有一個大家都能共同遵守的標準。」（內文）

問不問時任台北市長根本不重要，如同前述博愛座是規定在身心障礙者權益保障法中，該法並非地方政府的自治法規。而李昂也未曾細究博愛座是否有法律的規定、規定究竟何在以及內容爲何，單以有這樣的標示就必須「服從」，這或許有些讓人兜不上她女性主義者的形象。但我們可別忘了每個個體都有一個以上的身分，可能是學生、子女、父母、市民或任何職業的從業人員等等，對於李昂也不例外。五〇年代出生的李昂，固然是個女性主義者，卻也同時是經歷過威權時代的人，後者這個群體更可以在李昂文章的留言中見到諸多對她支持的聲音，這些聲音或許是出自於來自同個年代的共享觀念，也可能是出自對李昂所具有權威的信服。

威權時代的特徵是：什麼都不要問、什麼都不用想，權威怎麼說，你就怎麼做。無論這個權威是國家、師長、父母都一樣，囡仔人有耳無嘴的俗諺即爲表彰。但時代已經不同，脫離威權的民主時期每個人都成爲了一個「主體（subject）」，必須要自己思考、決定、負責，無法再不由分說地跟隨一個口令一個動作。從李昂與博愛座的事件中我們可以發現，在「我們」之外，確實還有另一個「他們」，無論這個他們是在性別上的、年齡上、世代上的，甚至是國族上的。

因此，就算如同李昂所說把博愛座給取消了；然而，如何取消掉博愛座的思想，或許才是眞正的問題。

不能就這麼算了
——如果為了公平，那就應該公平

二〇二三年的六月，台灣開始了“Metoo”的趨勢，這十分符合台灣歷來西風東漸的模式（不過在我國是從政治圈開始，這點是個差異），而這個運動鼓舞了許多被害人發聲，其中多可見有「不能就這麼算了」，而這句話，甚至整段發聲都能歸結於以兩個字爲名的價值：

公平。至於什麼是公平，我並不認爲是一個多麼複雜的概念，所謂公平就是用同一個標準去審視同樣的事物而已。

不論是在社會上的某事件於不同黨派、組織、團體之間用同一個標準審視，或是在一個事件中的加害人與被害人用同一個標準審視，都是公平價值的實踐。

所以，當我們用特定密度檢視「某個」團體時，我們就該用特定密度檢視「所有」團體；當我們用特定密度檢視「加害人」時，我們也該用特定密度檢視「所有人」，而這也包括「被害人」。

先從較爲廣泛的社會層面來說，若社會整體只以特定密度檢驗特定團體而不是所有團體，那這就不是公正的。社會整體的組成是無論自身是否全無瑕疵，而是只要作爲社會的一員我們就有發言適格，並不會因爲某個團體有類似問題就發言失格。因此，要眞正實踐公平的方式，是將所有團體作同等的對待，以同樣的密度檢視，也對於同等的過錯給予同樣的譴責。

在個別事件的層面中，可以從刑事訴訟的「無罪推定原則」開始，這是因於司法作爲國家權力施展，對於人民權利保障之故，所以對於被告的有罪認定必須要達到極高程度的確信，即超越合理懷疑（beyond reasonable doubt）的門檻（白話且粗略地說就是九十%的確信程度）。

當然，Metoo 的現象並不是訴諸司法，卻是大眾輿論，並沒有必要拉到這麼高的確信程度才能達到對於錯行的認定與制裁。然而，至少最低程度我們也該做到「公平」；至少，要對等對待任何一方。

尤其借鑑於美國的先起，我們也該知道在這運動中也有著錯誤指控，讓無辜者因此被取消（cancel）。這讓我想到之前讀 Alan Dershowitz 的 *Cancel Culture: The Latest Attack on Free Speech and Due Process* 對於這類事件提出的論述，甚至個人經驗與抱屈。或是較為普及的則有 Johnny Depp vs. Amber Heard 的世紀案件。

我們必須知道，被害人將言論發布公開進入公領域後，這段言論將會是對於事件的描述，那事件的存否就成爲待證事實，同時，這段言論也會是對於自身作爲被害人的宣稱。假設，某人眞的受害，這是私領域的被害人概念，但當此人發表對於自身作爲被害人的宣稱於眾，那就是進入公領域，進而成爲「被害人」（大寫），那麼上述對於事件的描述，將同時是對於自身身分的宣稱，就必須要被檢驗，畢竟，此類言論對於言論他方而言，是一種指控。

即便在刑事司法上有大法官釋字第七八九號對於性侵害犯罪防治法第十七條第

一款：「被害人於審判時有下列情形之一，其於檢察事務官、司法警察官或司法警察調查時所爲之陳述，經證明具有可信之特別情況，且爲證明犯罪事實之存否所必要者，得爲證據：一、因性侵害致身心創傷無法陳述。」（於二〇二三年一月十日修法調整條次爲第二十六條）作出合憲的結論，但也提供了相當程度對於被告權利的補償。這號大法官解釋簡而言之，即被害人因性侵害致創傷無法陳述者可免受訴訟詰問，被害人於檢事官或警詢陳述（於證明可信之特別情況）得以作爲證據，但被告因此所致之詰問權受損，必須強化被告對其他證人的對質詰問權，而必須有確實的補強證據而不得以被害人陳述作爲唯一證據以認定犯罪事實的有無。（先前著作研究參考《論釋字第七八九號：來自性別視角的省思》。）

回到 Metoo 的主軸，我們必須了解到任何的一個「發聲」都是一種「指控」，而任何的指控作爲陳述都必須要是「可驗證的」，也就是陳述作爲命題必須具有這等性質（類似波普說的可證僞性）。這裡並不是呼籲要嚴苛檢視被害人字字句句，試圖在雞蛋裡頭挑出骨頭，刁難所有可能出現的瑕疵，因爲這樣的行爲具有造成對眞的被害人的第二次傷害。但是，至少我們應該留下空間，讓被指控方有說話空間；至少我們也該同等對待被指控方的答辯；至少，以我們對待一方的立場去對待他方。畢竟初衷不正是在「公平」嗎？那麼如果我們並不要求一個完美的指控，我們就不該要求一個完美的答辯，即便各方所述都無法取信於我們，我們也從來沒有義務要在資訊不足的前提下作出任何判斷。

因爲，資訊匱乏情境下的判斷，永遠都是魯莽的。

對照前述引用大法官釋憲內容亦可得知，對於相對劣勢的後手、被告、被指控方來說，給予一定程度的補償，也正是司法——Justice——公平正義所作出的判斷，這也是在串接文初所指Metoo運動的核心與這等司法判斷並無違背的例證。

在其他領域上尤其是政黨政治，我們已經見識過不少先手爲強式的攻訐，事後證明實際並非如此，卻經常是終於空穴來風，但起先爲了達成的其他目的已經完成，事後的虛實已經不再重要。然而，這從來不是健康的公民社會該具有的體質，至少這種現象該帶給我們的教訓是審愼於任何資訊眞僞，而這也應該是媒體識讀的基本。對於性犯罪因其敏感性，我們當然必須要更細心，正因爲我們不想造成那些被害人的傷害更多。然而，正是出於同樣對於「人」的關心，出於不想造成任何多餘的傷害，我們也應該注意於不要讓自己創造出新的被害人。

這始終會是兩難，法律也好，道德也好，既有的兩方必定是一消一漲式的互動，我們能做的是知道中點何在，盡量讓其趨於公正，這只是作爲人所能做到的微薄努力。而爲了達到這個目的，更必須要知道我們是經由「程序」來處理「實體」的，因此我們才總是必須在程序正義的前提下，才「有可能」達致實體正義。反過來說，程序若是不正義則連實體正義都別想談了。對於 Metoo 運動，作爲後來者的我們至少可以在帶有更多意識、認知的情況下，實踐出更好的結果，讓更多的正義被落實，讓更少的不正義被種植。

本文未在任何具體事件上作出判斷，此非本文目的，尤其如同前述，資訊匱乏下的判斷永遠都是魯莽的。本文不過是一種對於程序正義的提醒，然若連這樣的言詞在被閱讀的過程中卻形成是對於特定方偏頗的印象，那我想在一個程序不正義的進路中，實體正義將永不可及，且我們也可能沒有從歷史中學習教訓。

惟，歷史正是我們所該學習的。

台灣 Metoo——在尋找平衡點的過程，我們如何走得更謹慎

台灣的 Metoo 撇除政黨政治層面的問題，單就性別這一塊來討論，是有些可惜的。作爲後進的我們，並沒有從前驅者學習到教訓。

首先是作爲 Metoo 運動的內部核心沒有自我滌清。爲了確立運動的正當性，這部分若不愼則將落人口實，遑論若批判是從外部而來，也很容易被當成是反對者而不被採納。

或許所有運動的伊始都會有矯枉過正的傾向，但是如同前述，我們並不是處在這個運動的伊始，我們更應該從前車之鑑學習。同時，既然過往的不義是現下努力檢討的，那我們所追尋的是一個平衡點；既然對於過往的「不及」予以譴責，那麼

對於未及平衡點的「過正」，也應該有同樣的評價。

在社群媒體上從學者到民間、從女性到男性的各種證言，是的，我們選擇相信。然而即便從這個前提出發，「性騷擾」這件事從法律到道德的層面從來都不是只看「受方」的意願而定，卻是所有的行爲都必須從「行爲」與「結果」來看。也就是說，性騷擾也必須考量到行爲人的「行爲」本身。

所以，有些證言描述其（受方）感受到主觀權利受損，尤其是否「覺得」被性騷擾是十分主觀的感受問題，但性騷擾是否構成一種違背法律或道德的行爲而作爲「性騷擾」（即性攻擊），就必須考量到行爲悖離價值（法律或道德）是否達到相當程度。此故，固然我們同理與相信所有的證言以及受方的感受，但證言所描述的事實也必須被審愼看待，即其中所描述的行爲，究竟是否爲我們該譴責的性攻擊。這個情形類似於直男行爲研究社的現象，有些行爲、言論確實達到性騷擾的程度，有些卻只是交友的訊息被截圖放上網公審。

有時候兩性間的互動可能只是雙方的認知落差，但因於認知落差所做出的行爲未必是種「性騷擾」，社會上除了性別領域之外也存在著各種認知落差，而認知落差是可以透過雙方的溝通、互動進而彌平。舉例來說，一方對他方有性意圖而做出表示，他方這時發現後欲迴避，這時，互動中一方的停止行爲即屬對「認知落差的認知」進而達成（認知）平衡，而不屬於任何性攻擊。僅若主動方仍執意爲之，這時才有成立性騷擾（攻擊）的可能。

「知情同意」是具有共識的大原則，只有在對方沒有知情同意下所爲的性舉動，才是違背意願的性攻擊。但是，在「確認是否知情同意」的過程，則未必是違反對方意願的性攻擊行爲。

另外，爾後衍生的臉書審查好友的現象，也就是搜尋特定社團是否有好友在內，甚至是去張貼出特定人的個人資訊公告周知，這都是「過正」的。可見及有人呼籲不要這麼做，因爲有些社團是後來被改名、內容改變，未必所有在內的人都是爲了觀看惡意外流的影片（即便大多數可能是）。

但重點是「未必」，未必的存在讓我們必須要更謹慎。僅憑某人是否在特定的團體內就決定是否予以制裁，能直覺聯想到的就是《返校》劇情中政權對於參加讀書會的成員一律懲罰。二者的嚴重程度當然有異，畢竟威權時代的政權是恣意的，然而這裡的重點是我們應該要審慎於我們給予的制裁（包括取消），我們必須要聚焦在我們要制裁的行爲上：究竟是加入特定團體（例如臉書社團，尤其這些社團未必原先名稱、內容是如此），抑或是確實對他人造成性攻擊的行爲（例如惡意外流私人親密影片，或者幫助〔鼓勵〕這樣的行爲）。

在這樣的衍生現象中，能聽聞有花相當時間整理自己社群媒體上的紀錄，退出所有可疑的社團以自清，但這樣的後果難道眞的能促使性別間的意識更加明確？又或者只是如同禁止特定事物（例如性產業、大麻）卻只是讓其地下化而已？

在任何社會議題上——包括這次的台灣 Metoo，不應以說出自己有過相當的經歷才能經過資格論的審查，才能成爲「友軍」，而其他一律都是「敵人」。因爲行爲、言論本身並不應因爲主體的身分影響其性質（可信度），否則就會像《知識的不正義》所述的「證言不正義（testimonial injustice）」一般，即「聽眾因偏見對發言者可信度的降低」，而此應非所有人所樂見的，因爲這也正是對於具有特定身分之人所給予的負面歧視。尤其，這個運動的主旨應是要提升性別意識，讓公平與平等得以被實踐，卻不是更加地排外，終究我們是爲了打造一個更好的公民社會而努力著的，這點我想必須被留心。

且有關「性」的問題中，權力是其中的核心，權力不對等經常性地造成性的壓迫。然而，權力的面向其實很廣，以自身的話語權「公審」他人也是一種權力的施展。在某些情況下確實會是揭瘡，但在一些情況卻將會是濫用，例如可見甚至有根本不是被指控性攻擊者之人也被公審。公審是具有輿論能量者（例如輿論領袖）才具有的權能，但永遠不要忘記權力會使人腐化，公審這個現象亦然。尤其，公審既然也是權力的問題，在這個運動中我們也應該給予相當程度的重視與審愼，簡言之，至多程度上只能容忍對於錯行者（性攻擊者）的公審，但實際上卻已經出現對於並非性攻擊者的公審。

而上述的一些情況被納入譴責與制裁的對象，終究而言都會上溯及「共犯結構」的概念。但若要談到超乎個體之外的整體結構並以此作爲譴責個體的基礎理據，那處在社會上的每一個人既然都身在結構之中，那都將會是共犯——無論作爲或不作爲，並且也將會更難區劃出既然所有人都在結構之中也都是共犯，判斷制裁對象的標準究竟何在？又是誰來制定？等大哉問。

因此，在台灣 Metoo 中我們必須謹記著所追求的是性別意識的提升、公平與平等，故而更必須要聚焦於「性攻擊（行爲）」以及「實施性攻擊者（主體）」。基此，再向上檢視社會的整體結構問題，例如是如何的教育與環境創造了這樣的人與行爲，再進行檢討與改進。而不是只在最後端僅以共犯結構之名這個太過空泛且恣意的依據予以輕率制裁。

這些言論的發表與否是讓人猶疑的，因爲永遠不會知道是否不發出「完全支持」的聲音，就會被分類爲非我族類而被批鬥、取消。但如果我們進入一種不表態支持否則就沉默的情況，那就相當於我們所憎惡的極權環境。既然我們追求民主與自由，這等言論仍應是此等價值所賦予能予以實踐的。畢竟，我們都希望生活在一個可以溝通與進步的公民社會。大概吧。

以冷靜的熱情在性別運動中前進

若對於台灣 Metoo 運動開始以來大部分貼文予以關注將可以發現，貼文所描述的行爲程度各有差異，有些確實達到性攻擊的程度（甚至犯罪），有些卻可能只是認知落差所產生的錯誤互動（在有些情況中也有經過寬宥）；有些貼文描述的詳實（人事地物時）、有確鑿的證據（證人或是證物），有些則是在五個W（Why, What, Where, When, Who, How）中缺少了一塊以上的拼圖。

然而，相同的是幾乎所有的陳述都得到相同的評價結論：被指控者（行爲人）的社會性死亡。雖然未必所有情況都達到如此廣度足以取消（cancel）行爲人，但至少在支持發聲者的群體中都具有這個評價傾向。只不過對於不同事物（行爲輕重程度不同，證據數量不同）予以同一評價，並不是公正的。（彭仁郁老師提到對不同輕重程度同一評價結論的問題以及比例原則，見於二〇二三年六月九日彭老師的Fackbook 貼文。）

在發聲者的貼文留言中大部分是支持發聲者的，這十分合理，對於惡意傷害發聲者留言的抨擊亦然。但有些留言其實只是試圖探問更多細節，竟也同樣被抨擊。就後者而言，並不樂觀。

即便盡量居中看待所有事件，持平看待發聲者與被指控者間的各方論述，亦即程序公平，但因若站在發聲者的觀點，位於反方或即便只是站在中間點的人，其實都一樣是站在（發聲者）對面。（就像《平面國》所描述的世界一般；或是假想一個平面世界，在一條軸線上的座標-1，0，1，站在1位置上的人看到站在0跟-1位置上的人，都是處於站在1上的人對面，而且也看不出距離遠近）

站在被害人觀點沒有問題，甚至這是十分合理的情感同理，更且這也符合社會現實中性犯罪被害人在性別間的差距（簡言之，女性被害人遠大於男性；男性加害人遠大於女性。可參考筆者先前著作《論釋字第七八九號：來自性別視角的省思》）。

然而站在發聲者這方，不應把（試著）站在中間的人也一併劃歸爲被指控者的共犯，這之間不該是二分的關係。也就是任何事件都不是只存在發聲者與被指控者、被害人與加害人的二元角色。至少，還有第三方的旁觀者，旁觀者永遠不可能是發聲者或被指控者，但旁觀者可能選擇支持發聲者或是被指控者。（這裡所說的旁觀者並不是指冷眼旁觀就像在事發現場默不作聲的人，所謂的旁觀者只不過是指「當事者（發聲者——被害人，與，被指控者——加害人）以外的所有人」。我們都是旁觀者。）

或者，旁觀者也可能選擇（繼續）做個旁觀者，去尋找更多的資訊再行作出判斷。至少，至少，對於這樣的旁觀者，將其列入制裁、譴責的對象——劃歸爲被指控者、加害人的同路人——並不是適當的。

雖然對於見聞這樣的事件要冷靜是困難的，但至少我們可以試著這麼做：不要把目前（尤其可能只是暫時）不為發聲者說話的人都視為敵人。並非所有不為發聲者說話的都是敵人，其可能僅於仍在汲取更多資訊的狀態，甚至其可能在獲取更多資訊後進而支持發聲者，而這，將會是更有力的同伴。

所以，過快地把旁觀者給劃歸為該譴責、制裁的對象，可能只是把潛在的同伴給推遠，其實會是種對運動本身的傷害。因此，若能不以過於簡化的二元方式區劃所涉議題的所有人，往這個方向前進，以一種冷靜的熱情予以繼續推動，或許會是一個更良好的方向。雖然不容易，但要讓社會進步，從來都不是容易的。但困難，從來都不會是放棄的好理由。

View ⑬

文學中的性別

作　者—曾友俞
主　編—李國祥
企　畫—吳美瑤
董事長—趙政岷
出版者—時報文化出版企業股份有限公司
一〇八〇一九台北市和平西路三段二四〇號三樓
發行專線—（〇二）二三〇六—六八四二
讀者服務專線—〇八〇〇—二三一—七〇五
（〇二）二三〇四—七一〇三
讀者服務傳真—（〇二）二三〇四—六八五八
郵撥—一九三四四七二四時報文化出版公司
信箱—一〇八九九台北華江橋郵局第九九信箱
時報悅讀網—http://www.readingtimes.com.tw
電子郵箱—genre@readingtimes.com.tw
法律顧問—理律法律事務所　陳長文律師、李念祖律師
印　刷—勁達印刷股份有限公司
初版一刷—二〇二三年十月十三日
定價—新台幣三六〇元

時報文化出版公司成立於一九七五年，
並於一九九九年股票上櫃公開發行，於二〇〇八年脫離中時集團非屬旺中，
以「尊重智慧與創意的文化事業」為信念。

文學中的性別 / 曾友俞著. -- 初版. -- 臺北市 : 時報文化出版企業股份有限公司, 2023.10

面 ;　公分. -- (View ; 133)

ISBN 978-626-374-393-9(平裝)

1.CST: 女性主義 2.CST: 性別研究 3.CST: 性別差異

544.52　　112015961

ISBN 978-626-374-393-9
Printed in Taiwan